宮崎正弘×渡辺惣樹

新装版

激動の日本近現代史 1852-1941

The Inspiring History of Japan for the New Generation: 1852-1941

歴史修正主義の逆襲

ビジネス社

新装版まえがき

本書単行本の出版からおよそ三年が過ぎた。現行の正統派歴史解釈（釈明史観）に疑問を投じる宮崎正弘先生との対談企画は、読者の高い評価を得た。本年四月には第二弾『戦後支配の正体』（ビジネス社）も上梓できた。それにあわせて第一弾の企画が新書版として再版されることになった。読者の方々に感謝したい。この企画が評価されたのは、読者の多くも現在主流の正統派の歴史観に納得できていないからに違いない。

正統派の学者は、これまでの学問的「成果」にいささかでも疑問を投げかけられるのが嫌いなようである。ある大学教授は、「プロの歴史家が誤った本を放置し、批判しないことも問題です。まさに悪貨が良貨を駆逐している。専門家が使命感を持ち、一般向けの書籍を書くことも必要ではないでしょうか」と語る。大学で歴史学を学んだ「専門家」の書く歴史書だけが「良貨（良書）」で、それ以外は、「悪貨（悪書）」だと決めつけるのである。

その一方で、日米開戦の経緯を探るために極めて重要な新資料である『裏切られた自由』（ハーバート・フーバー元大統領）、『裏口からの参戦』（チャールズ・タンシル、ジョージタウン大学教授）、『ルーズベルトの開戦責任』（ハミルトン・フィッシュ米下院議員）（いずれも草思社、翻訳筆者）、『ヴェノナ』（ＰＨＰ研究所）などについてはだんまりを決め込む。

日米戦争はその始まりも終わりも解《げ》せないことだらけであり、釈明史観の史書では説明がつかない。その好例が、一九四一年十一月三十日付けで、ハワイの地元紙が「日本は来週末にも（我が国を）攻撃の可能性」と報じた事件である。実際に、この「スクープ」は現実となり、十二月七日（日曜日早朝：現地時間）には真珠湾攻撃があった。

左は当該記事のコピーを載せた。当時日米交渉を担当していた「来栖《くるす》（三郎大使）が戦いの準備できていると警告」との小見出しさえ踊る。この時期の米国政府は、日米交渉は続いていると国民に説明していた。その証左にフランクリン・デラノ・ルーズベルト大統領は、交渉の進捗を願う奇妙な親電を昭和天皇に打っている（真珠湾攻撃直前の十二月六日：ワシントン時間）。その最後は次のように結ばれている。

「私ども二人には、周辺の他の国々のためにも、日米両国の伝統的友好を回復し、世界のこれ以上の破壊や死を防ぐ神聖な義務があります」（＊1）

Japanese May Strike Over Weekend!

The Honolulu Advertiser

FINAL EDITION

KURUSU BLUNTLY WARNED NATION READY FOR BATTLE

Mexican Cop Says Torrance Slayer Of Wife

Leaders Call Troops Back to Singapore

Will Santa Fit The Plane?

Nazis Clamp Curfew Over Montmartre

Foreign Affairs Expert Attacks Tokio Madness

1941年11月30日付ホノルル・アドバタイザー紙

ホノルル・アドバタイザー紙はいかなるルートでスクープ情報を入手したのだろうか。これについての筆者の解釈は、『日米戦争を望んだのは誰か』（ワック）に書いた。

この一例だけでも、近現代史にはまだまだ謎《なぞ》が残っていることがわかる。正統派歴史学者の多くは、真珠湾攻撃を巡る論争は既に決着がついたと主張する。欧米で続けられているあらたな研究に見向きもしない。だからこそ在野の研究が必要なのである。

宮崎正弘先生も、筆者と同様に、正統派とされている近現代史解釈に合点がいっていない。本対談では、そうした疑念のいくつかを提示しながら互いの解釈を論じ合った。二人の問題提起あるいはその解釈がいささかでも読者の知的好奇心の刺激となれば幸いである。

この企画の第二弾となった『戦後支配の正体　1945-2020』の後書きにも書いたが、宮崎先生と筆者の歴史を見る方向は同じではあるが、その角度はいささか違う。そのわずかな違いが対談をより立体化させているのではなかろうか。

第三弾の企画もあるが、どの時代を扱うのかまだ決まっていない。

二〇二〇年夏

渡辺惣樹

＊1：FDRの天皇宛て親書（一九四一年十二月六日付）は以下のサイトで全文が確認できる。
https://the-american-catholic.com/2018/12/06/december-6-1941-fdr-writes-to-hirohito/

まえがき

本書をどのような読者が手にとってくださるのでしょうか。宮崎正弘先生、そして私（渡辺）の著作にすでに親しんでいる方も多いかもしれません。そうした読者はこのまえがきを読む必要はありません。そのまま第一章に進んでください。歴史を読み解く面白さ、醍醐《だいごみ》味を満喫していただけるものと確信しています。このまえがきは私たちの著作に馴染《なじ》みのない読者に向けて書こうと思います。

この書を手にとられ、このまえがきを読んでいる動機は何なのでしょうか。近現代史を深く知りたいという思いがあるに違いありませんが、私にはもう一つの理由があるような気がしてなりません。それは、高校時代に学んだ歴史に対するなんとも言いようのない不安ではないでしょうか。不安というよりも不信感といったほうが正確かもしれません。

他の学科であれば、たとえば数学や物理学あるいは英語にしても、高校卒業程度の知識をしっかりと身に付けていれば、世の中の動きの相当程度を的確に判断することができます。ところが「世界史B」だけは違います。良い成績で卒業し、大学に進みさらに社会に出ても、「世界史B」で培ったはずの知識では世の中を読み取ることができないことにたちまちにして気づかされます。何かがおかしいけれどもそれを論理的に説明できない苛立《いらだ》ちに立ち往生します。「世界史Ｂ」で学んだ知識で世の中を解釈し発言すれば、失笑を買ってしまった経験も少なからずあるかもしれません。

「世界史Ｂ」が伝える歴史観――ここでは近現代史に限定しますが――は確かにおかしい、と私は思っています。だから世の中の本当の動きをとらえることができないのです。社会に出た人々の多くが、書店にならぶ書に目を通しながら「世界史Ｂ」の怪しさを解き明かそうとします。怪しさに気づいた人を前にして、「世界史Ｂ」の知識だけで発言すればどんな反応が待っているかは言わずもがなでしょう。

「世界史Ｂ」の問題点はいくつかありますが、ここでは二点に絞って指摘しておきます。

一　プロパガンダ用語の無批判な使用

二　歴史の転換点となる重要事件の捨象《スルー》

まず第一の点についてですが、一例として真珠湾攻撃前後のアメリカの政情を描写した次の記述を挙げてみます。山川出版社「新世界史Ｂ」からの引用です。

「アメリカでは、スペインで共和国が危機に瀕《ひん》しても、中国が日本に侵略されても、またフランスが降伏しイギリスが存亡の危機にたたされても、徹底的な孤立を求める議会の意向と、ナチス＝ドイツ打倒のために参戦を模索した（フランクリン・ルーズベルト）大統領の間で深刻な対立が続いた」

「日本によるパールハーバー攻撃はアメリカ政府にとってまったく予想外のことであったが、これによって国論の統一を得ることはできた。スティムソン陸軍長官は「ほっとした」と述べた。そして孤立主義勢力は致命的な打撃を受けた」（傍点：渡辺）（＊）

　あまりの偏向的な記述に思わず天を仰ぎ、深いため息が出ます。突っ込みどころは多々あり、いちいち解説するとこれだけで一冊の本になりそうです。たとえばスペインの政体を共和国としていますが、実質は左傾化した疑似共産主義体制でした。また真珠湾攻撃を「まったく予想外」と断定的に書いていますが、これには驚きを通り越し、もはや言葉も出ません。そうしたことを書くと長くなるので、ここでは「孤立主義」という用語の無批判な使用の問題だけに絞ります。他の問題については、拙著『戦争を始めるのは誰か：歴史修正主義の真実』（文春新書）、あるいは『誰が第二次世界大戦を起こしたのか』（草思社）を参考にしてください。

　上記の記述は孤立主義を求めたアメリカ・ワシントン議会や同国民を揶揄《やゆ》していることは明

らかです。孤立主義を悪とアプリオリに決めています。しかし、自国だけの繁栄にうつつを抜かし他国のことはどうでも良い態度であるかのような響きを持つ「孤立主義（isolationism）」を、アメリカ議会（議員の七五％）も国民（八〇％以上）も支持していたのはなぜでしょうか。当時のアメリカは「非干渉主義」（アメリカの場合はモンロー主義）が大勢を占めていました。この「非干渉主義」を言い替えた言葉が「孤立主義」なのです。「孤立主義」は、自国一国主義の利己的な思想であるとする含意のある危ないプロパガンダ用語です。

アメリカは一九一七年四月、ヨーロッパ問題不干渉のモンロー大統領以来の国是（モンロー宣言：一八二三年）を破って、第一次世界大戦に参戦しました。その結果、ドイツとその同盟国は敗れベルサイユ体制ができ上がりました。この体制は、戦いの責任をひたすらドイツ一国に押し付け、新しく生まれた国々の国境線をいい加減に決めたことからきわめて据《す》わりの悪いものでした。一九三九年九月から始まったヨーロッパの戦争は、ベルサイユ体制の崩壊現象でした。

当時のアメリカの政治家と国民は、ヨーロッパ問題に軍事介入することで何も解決できなかったことを身をもって学んでいました。第一次世界大戦では、アメリカは協商国（英仏露など）に多額の借款を与えましたがそのほとんどが返済されていません。多くのアメリカの若者がヨーロッパ戦線で命を落としました。アメリカ国民は、その結果でき上がったベルサイユ体制に幻滅していたのです。ドイツだけに責任を押し付けた矛盾があちこちで噴出し、ヨーロッパ各国は勝手な主張をまたぞろ始めたのです。

だからこそ、「アメリカは二度とヨーロッパに若者を遣らない、戦いたければどうぞご勝手に、ただし仲介に入ってほしければその労を取ることは惜しみません」という態度を取るべきだと考える政治家が多く、それを国民が支持していたのです。ハーバート・フーバー元大統領はそうした主張をラジオや新聞の論説を通じて訴えていました。そして、アメリカ国民の八〇％以上がその考えを是としていたのです。しかし、どうしても介入したい勢力がアメリカにはありました。少数派でしたがメディアをコントロールする力を持っていました。アメリカ北東部の金融資本家を中心とした干渉主義者たちでした。

干渉主義に立つメディアや政治家が、非干渉主義を支持する国民を批難するために、つまりヨーロッパの戦争を傍観することは「キリスト教徒のモラルに反する」と主張し、国民に強い罪悪感を植え付けようと使いだした言葉が「孤立主義」なのです。このことはアメリカ史を学べばすぐにわかります。秘密でも特殊な言説でもありません。上記に示した「孤立」あるいは「孤立主義」を使った「世界史B」の記述はそうした史実を見事に無視しています。孤立主義の反対語は国際主義ですが、響きは良いかもしれませんがこれは「干渉主義」の言い替えにすぎません。

「世界史B」をまじめに勉強し、「孤立主義」などという用語を使って歴史を語れば、なぜ「笑われてしまう」のか。容易に理解していただけるでしょう。パールハーバー攻撃以前のアメリカ国民は、アメリカ一国だけが安寧であればよいなどと思って非干渉主義（孤立主義）を支持したのではありません。助けてあげたいがそうしないほうが（長い目で見たら）よいという苦渋の選択だったのです。このことがわかれば、「世界史B」の怪しさとプロパガンダ用語を安易に使う危険性が理解できるでしょう。この問題については、本書第三章「日本とアメリカが作った朝鮮開国」のなかで、「征韓論」というプロパガンダ用語の危険性を宮崎先生と語り合ったので参考になるはずです。

第二の点つまり、歴史の転換点となる重要事件の捨象についてですが、その象徴的な例が一九〇五年七月に結ばれた「桂《かつら》・タフト協定」です。これは、日本とアメリカが朝鮮半島とフィリピンの覇権をバーターした秘密協定で、アメリカのセオドア・ルーズベルト政権がイニシアティブを取って東京で成立しています。協定が成って以降、日本の南進論は消え、朝鮮半島への積極的な介入が始まります。日本の対朝鮮半島外交はそれまでは、多国間外交であり、常に西欧列強とお隣の清《しん》国とのバランスをとったものでした。それがこの秘密協定で日本外交のトーンが変わるのです。アメリカの強い後押しがあったからです。同年十一月には第二次日韓協約が結ばれ、日本は朝鮮王朝から外交権を剝奪《はくだつ》します。日本が同王朝の二枚舌外交に我慢できなくなったからでしたが、もっとも重要なファクターは、アメリカによる、日本の朝鮮半島への積極的関与の推奨でした。アメリカは第二次日韓協約が結ばれるとたちまち漢城（現ソウル）の公使館を閉鎖し、その業務を東京の公使館に移しています。

日本の対朝鮮外交ひいてはその後に続く日本のアジア外交は、桂・タフト協定を境にして大きく変容します。ところが、「世界史B」には、桂・タフト協定の記述がいっさいありません。この協定を書かないと、その後に起きた数々の事件の解釈が難しくなります。しかし「うまい手」がありました。日本は明治のはじめから朝鮮王朝（朝鮮半島）に野心があり、植民地化を狙《ねら》っていた侵略国家だったと書けばよいのです。そうすれば一応つじつまの合う歴史物語ができ上がります。しかし、物語は書けても、「桂・タフト協定」の存在を指摘され、「セオドア・ルーズベルト大統領が、日本による朝鮮近代化を後押ししていた（けしかけていた）事実」を指摘されれば、その薄っぺらい物語はたちまち崩れてしまいます。そうなると、物語の創作者は「釈明」せざるをえなくなるのです。

「世界史B」がスルーしている重要な事件はほかにも多々ありますがこの一例だけに留めておきます。桂・タフト協定の持つ歴史的重要性は第四章「ルーズベルトが仕掛けた日米開戦」で扱いました。

読者におかれては、特に若い読者の方々には、本書をきっかけにして、「世界史B」に代表される「リベラル国際主義（干渉主義）」を絶対善とする歴史書に鋭い突っ込みを入れられるようになっていただければ幸いです。突っ込みできなくても、「何か変だな」と気づいていただければ十分です。自ら調べ、自ら考えて、本物の歴史観を養う出発点にしてください。

宮崎正弘先生は、事件の現場に実際に訪れて土地の空気を吸っているだけに、その歴史観は研ぎ澄まされています。それが今回の対談が楽しく、そしてまた充実したものになった理由でしょう。「対談した本人が楽しかったからこそ読者に価値ある本を届けられた」。そう自負しています。

二〇一七年夏

渡辺惣樹

＊：『新世界史B』、山川出版社、二〇一三年、p378

第二章　英国自由貿易帝国主義と日米の戦い

第三章　日本とアメリカが作った朝鮮開国

第四章 ルーズベルトが仕掛けた日米開戦

本書は二〇一七年九月に小社より刊行された『激動の日本近現代史1852-1941』を加筆・修正した新版です。

アメリカ

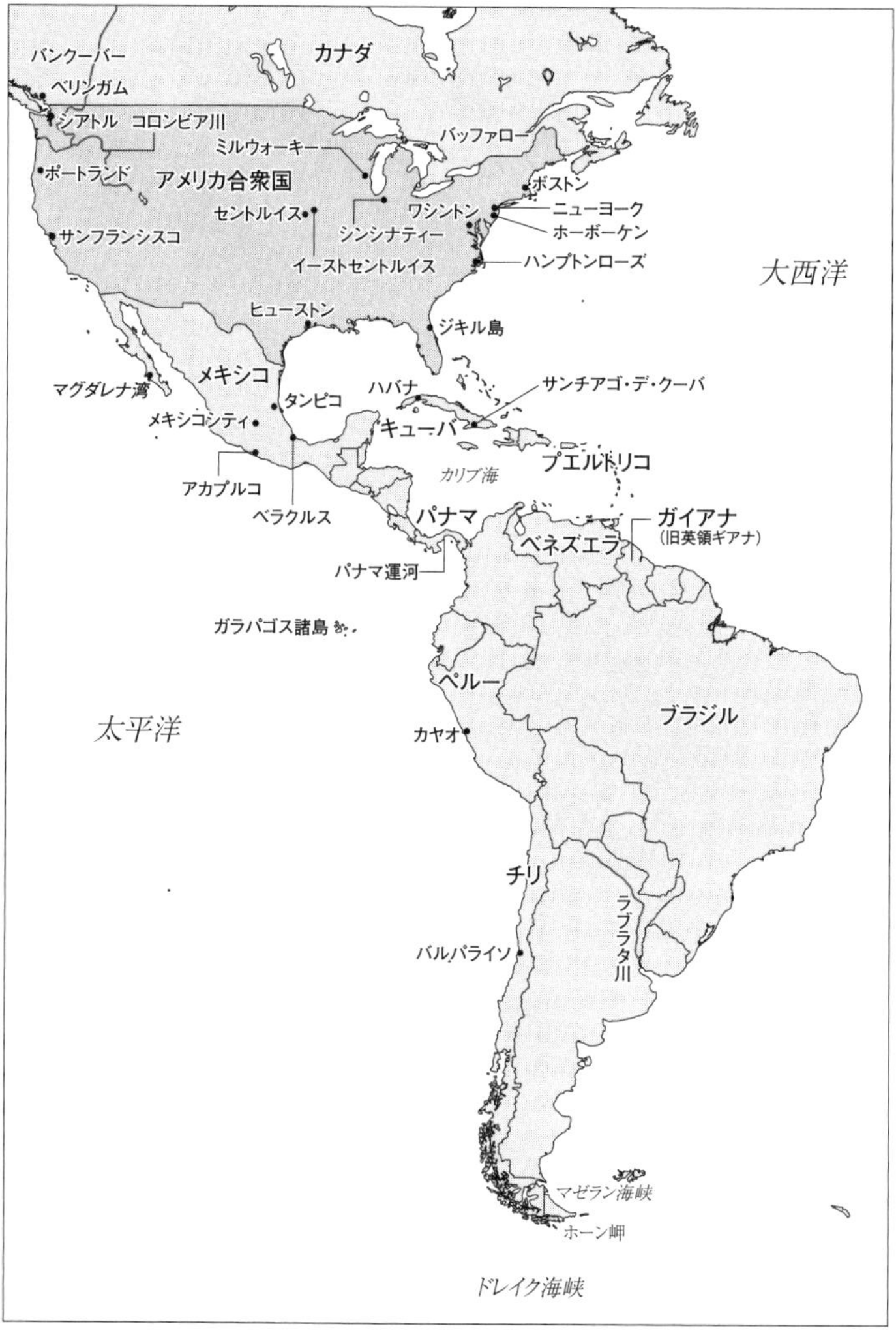

カナダ
バンクーバー
ベリンガム
シアトル
コロンビア川
ミルウォーキー
バッファロー
ポートランド
アメリカ合衆国
ボストン
セントルイス
ワシントン
ニューヨーク
シンシナティー
ホーボーケン
サンフランシスコ
イーストセントルイス
ハンプトンローズ
大西洋
ヒューストン
ジキル島
メキシコ
サンチアゴ・デ・クーバ
マグダレナ湾
ハバナ
タンピコ
キューバ
メキシコシティ
プエルトリコ
カリブ海
アカプルコ
ベラクルス
パナマ
ガイアナ
(旧英領ギアナ)
ベネズエラ
パナマ運河
ガラパゴス諸島
ペルー
ブラジル
太平洋
カヤオ
チリ
ラプラタ川
バルパライソ
マゼラン海峡
ホーン岬
ドレイク海峡

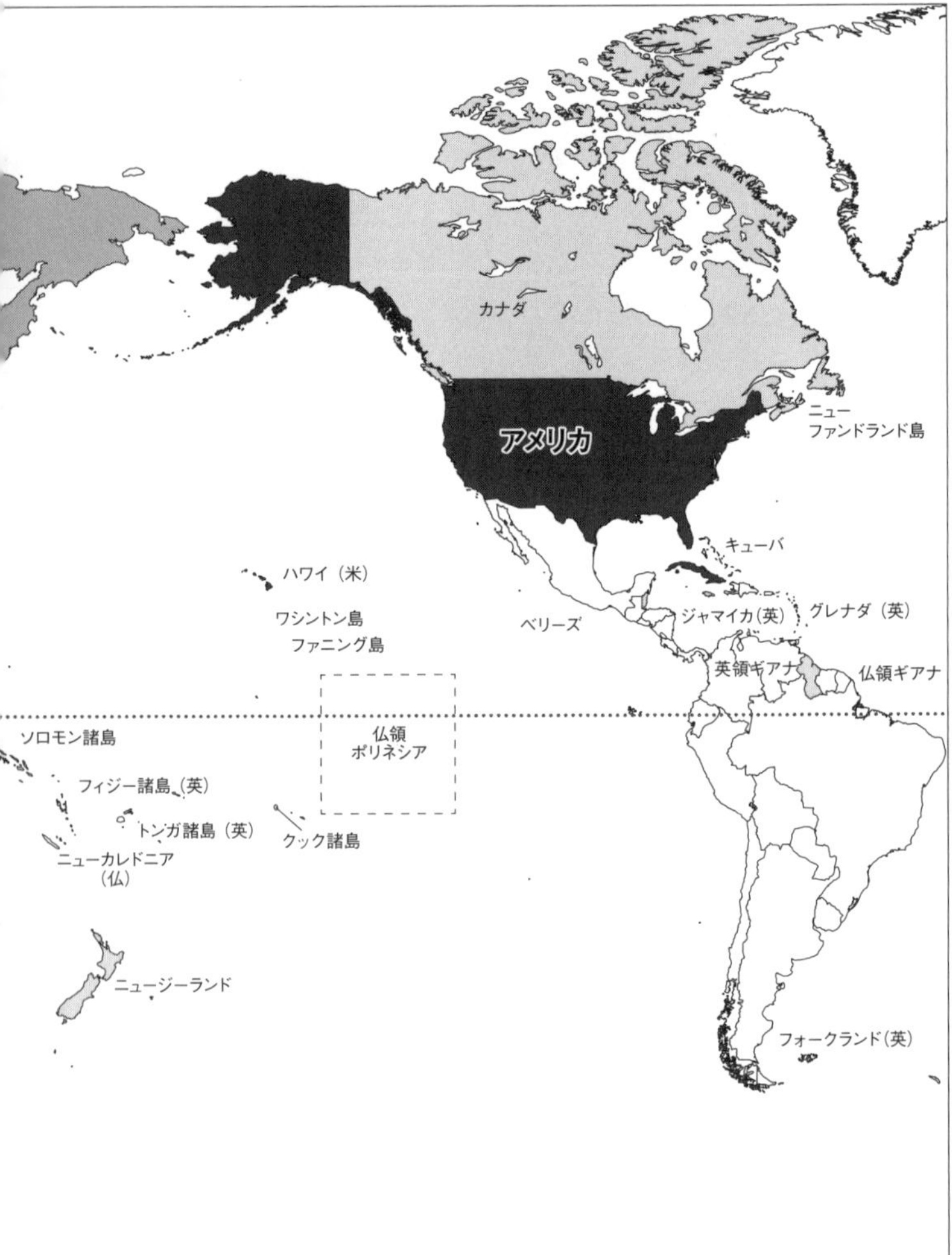

出所：『アジア侵掠秘史』などをもとに作成（『GHQ焚書図書開封』西尾幹二著）

英ソ仏米の版図（1936年〈昭和11年〉）

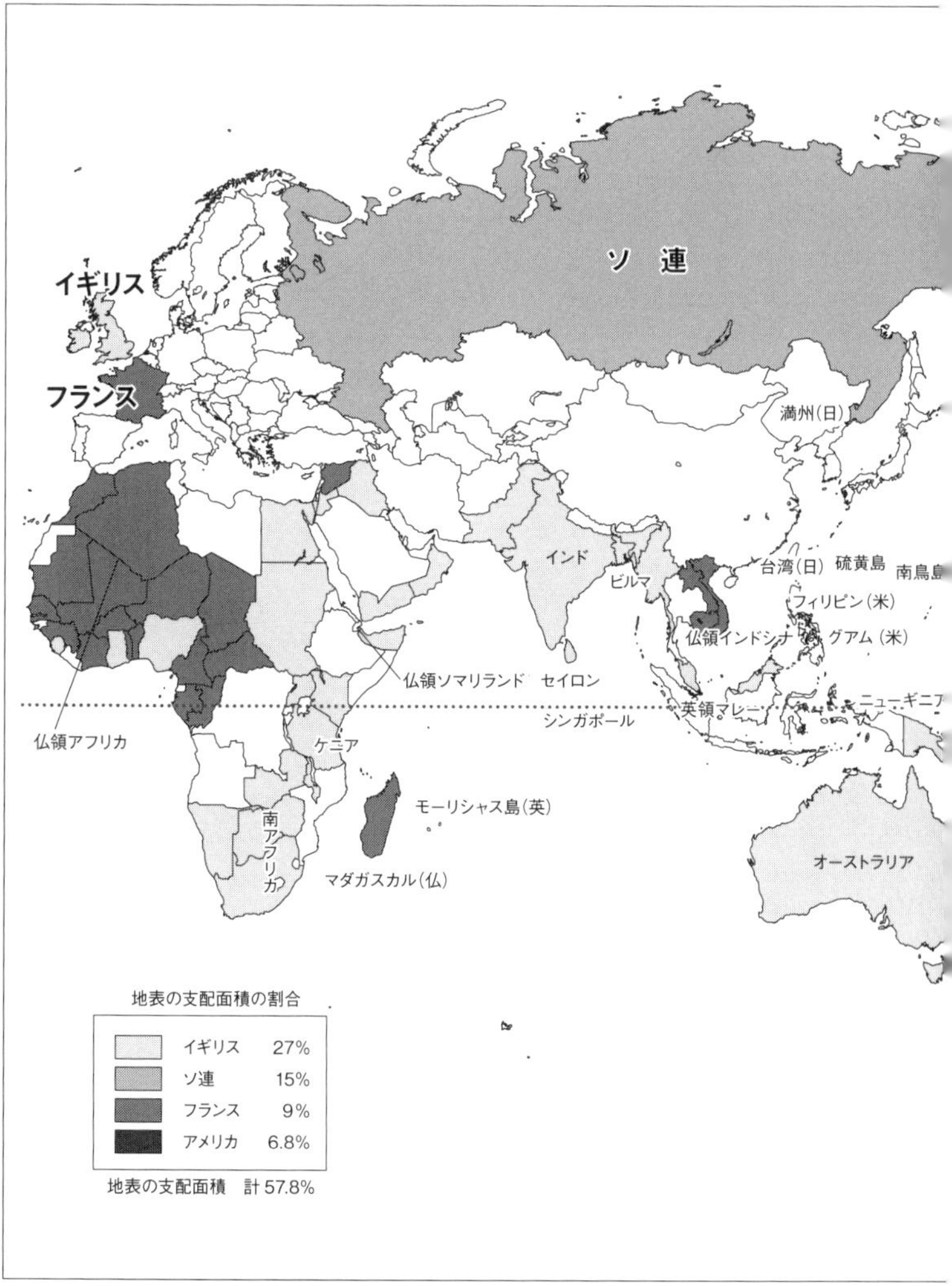

1900年前後の中国

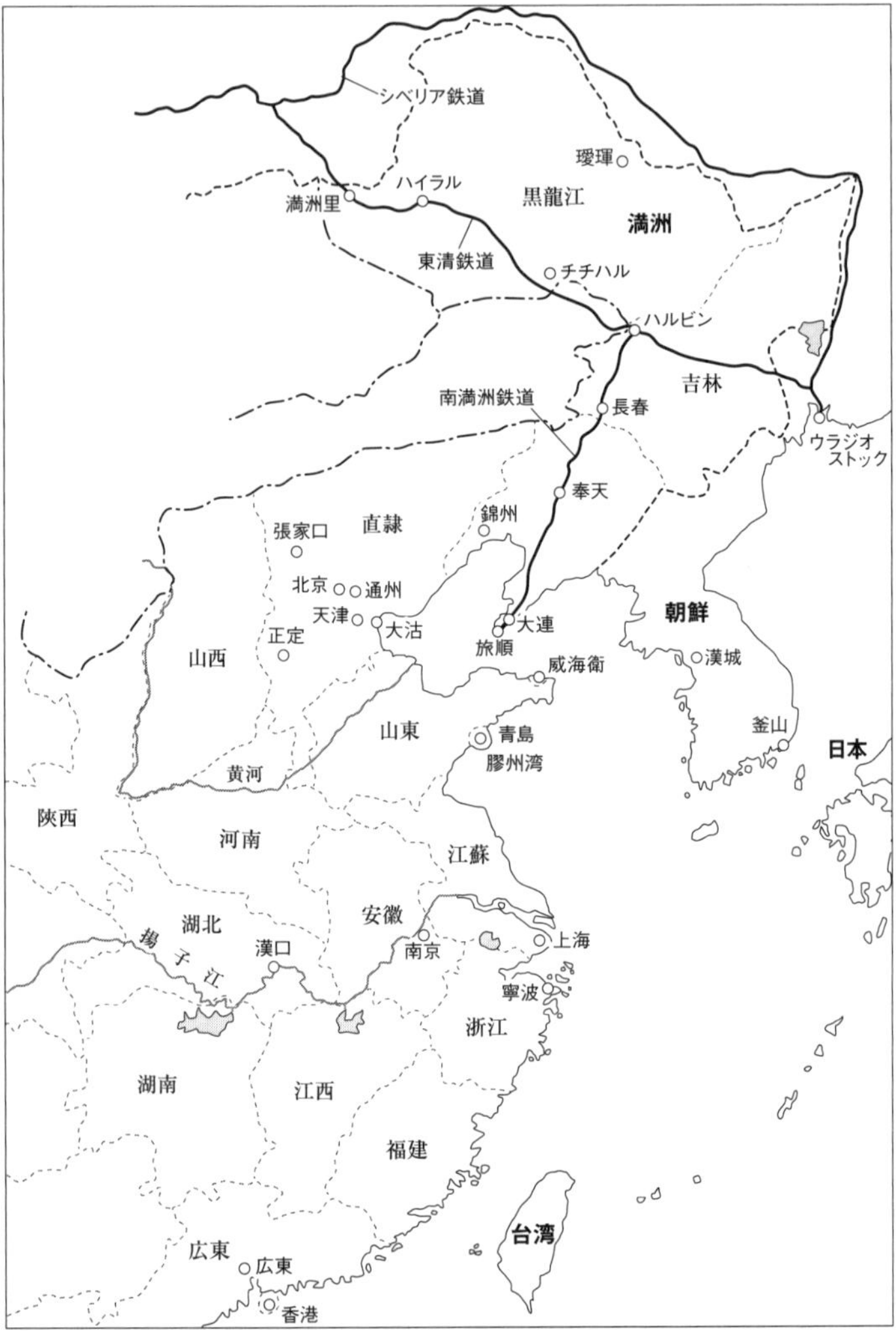
シベリア鉄道
瑷琿
ハイラル
満洲里
黒龍江
満洲
東清鉄道
チチハル
ハルビン
吉林
南満洲鉄道
長春
ウラジオストック
奉天
直隷
錦州
張家口
北京
通州
天津
大沽
大連
旅順
正定
山西
威海衛
朝鮮
漢城
山東
青島
膠州湾
釜山
日本
黄河
陝西
河南
江蘇
安徽
湖北
揚子江
漢口
南京
上海
寧波
浙江
湖南
江西
福建
台湾
広東
広東
香港

第一章　日本を深く研究していた欧米

歴史修正主義と釈明史観主義

宮崎　自らを「歴史修正主義者（リビジョニスト）」と公言している渡辺惣樹さんと、「世界史のなかの日本とアメリカ」をテーマに存分に議論したいと思います。負のイメージが纏《まと》わりついている「歴史修正主義」を転換させポジティブな意味で、打ち出したのは渡辺さんが日本で初めてでしょう。「歴史修正主義」というのは戦後レジームからの脱却を唱えた安倍《あべ》総理に貼《は》り付けたレッテルという側面があり、これはアメリカでは批判的に使用されていますね。

渡辺　「歴史修正主義」の歴史観を簡単に言えば、フランクリン・デラノ・ルーズベルト（以下ＦＤＲ）とウィンストン・チャーチルのすすめた外交は間違っていたのではないかと疑うことなんです。別に、戦前の日本やドイツが素晴らしかったと主張する歴史観ではありません。

日本の歴史教科書では、第二次世界大戦の勝者をアメリカを代表する連合国と教えていますが、事実上の勝者はスターリンのソ連と毛沢東の中国共産党でした。この大戦がヨーロッパにおいてはポーランド、アジアにおいては中国の独立を守るために始まったにもかかわらず、どちらの目的も達成することができず、両国とも共産化しました。つまり、アメリカもイギリスも戦争を始めた目的を果たしていません。したがってけっして勝者とみなすことはできないのです。そのような不都合な真実をおおい隠すために作り上げた歴史観が、戦前の日本とドイツを、自由を抑圧し世界覇権を求める全体主義の国、つまり「民主主義の敵」、「絶対的な悪の国」として描くことでした。これにより、FDRやイギリス首相のチャーチルの誤った外交と戦争指導の責任から目を背けさせたのです。

歴史修正主義とはそうした事実を素直に指摘するものです。あったことをなかったとか、なかったことをあったとするような「ためにする歴史観」ではありません。事実をありのままに見ようとするのが歴史修正主義なのです。歴史修正主義に立つ学者は、これまで正統とされている歴史書を読んでおかしいなと思うところがあればそれを指摘し、真実に迫ろうとしてきました。そうするとFDRやチャーチルを慌てて弁護する歴史家が出てきます。彼らのことを私たちは、「釈明史観主義者（アポロジスト）」と呼んでいます。歴史修正主義に立つ歴史家から都合の悪い史実を指摘されると「釈明（apology）」する、つまり二人の弁護に終始するからです。

釈明史観に立つ歴史家の方々が、この対談での指摘にどのような釈明・反論をなさるのかある意味期待しています。

その釈明のなかに史実に基づくしっかりとした合理的な反論や論拠があれば耳を傾けるのは当然だと思っていますから。アメリカの歴史修正主義の歴史家も私と同じように非常に謙虚です。まじめに歴史の真実を見極めたいと願っているからなのです。自分を「謙虚」と表現するのはいささか気恥ずかしいですが（笑）。

松陰の短剣とライシャワー・ハル夫人のつながり

宮崎　さて、それではペリーの来航《らいこう》による日本開国あたりから話を始めたいと思います。先般、吉田松陰《よしだしょういん》の短剣が発見されたというので、前橋の文学館でやっていた展示会に行ってきました。吉田松陰は山口県萩《はぎ》の人でしょう、なぜ群馬の前橋なのかと疑いつつ観ると、まずマシュー・ペリーの『遠征記』から以下のような引用がある。「下田に停泊中、ある夜二人の非常に礼儀正しい若者が乗り込んできた。腰に短剣を差していた」。

これは日本人から見れば、吉田松陰と金子重輔《かねこじゅうすけ》だとすぐにわかりますね。

そこで前橋との関係ですが、ライシャワー駐日大使（任期：昭和三十六年—四十一年）に嫁いだ松方春《まつかたはる》、このハル夫人のご先祖と群馬県知事の楫取素彦《かとりもとひこ》のつながりだったのです。ハル夫

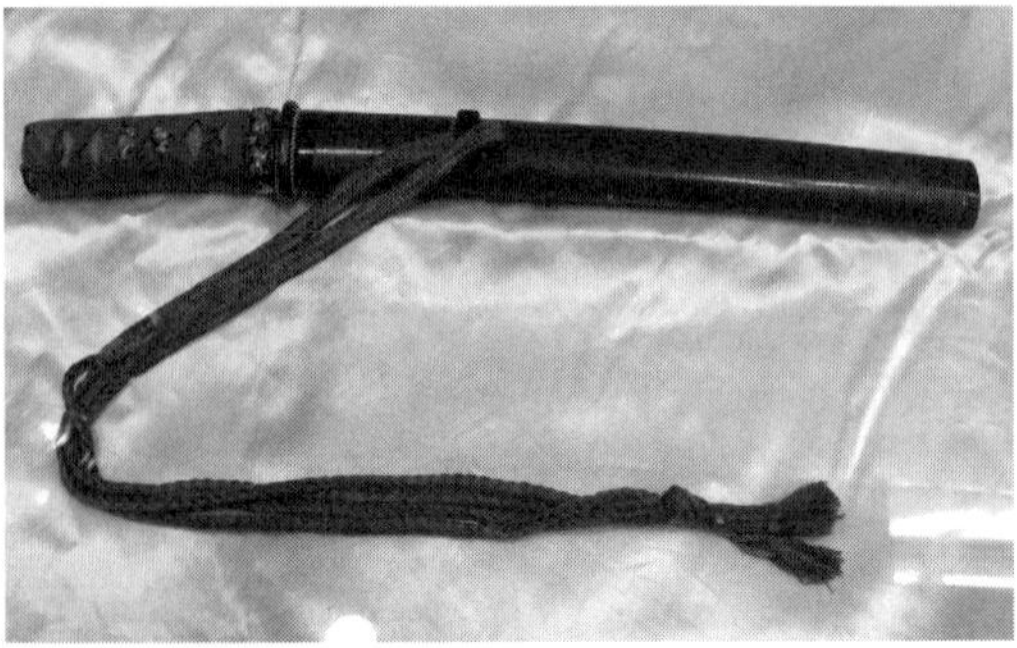
松陰の短剣（撮影宮崎）

人の父方の祖父は大蔵大臣で首相もやった松方正義《まさよし》ですが、母方の祖父の新井《あらい》領一郎《りょういちろう》は絹商人で、アメリカに移住して生糸の貿易をやっていた人です。新井家の言い伝えで、松陰の短剣が残っていたという。その短剣の名前は「国益」というのですが、もしかしたら「国富」かもしれないとハル夫人が書いている。それでなぜ短剣がハル夫人の祖父の手に渡ったかですが、そこで前橋が関係するのです。

楫取素彦は、もとは小田村《おだむら》伊之助《いのすけ》という名前でしたが藩の命令で改名し、新政府で群馬県知事に赴任するわけです。そのときに生糸産業の殖産、蚕などいろいろなことで群馬県では非常に有名だった。

この楫取素彦の最初の奥さんが吉田松陰の妹、二番目の奥さんも吉田松陰の妹だった。最初の奥さんの寿《ひさ》のときに彼は県知事に赴任するのですが、そのさいにハル夫人の祖父がアメリカに渡るというのであいさつに行った。すると吉田松陰の妹がこの短剣は兄が非常に大事にしていて、アメリカに密航を企てたのもアメリカに行きたかったからだ。

だから、この短剣をアメリカに持って行ってくれと。それで受け取ったというのですね。

渡辺　いい話ですね。前橋と言えば、一昨年（二〇一五年）、楫取素彦らが迎賓館として建てた臨江閣《りんこうかく》を訪れたときのことを思い出します。

宮崎　それが百何年ぶりかにアメリカにあるハル夫人の孫の家で見つかって、鑑定を依頼していたら、どうやら本物であるということがわかったんですね。

ペリーが来航した下田は地元の渡辺さんのご案内であちこちに詳しく回りましたが、吉田松陰にしてもペリーの来航に非常な衝撃を受けて、これは何かしないといけないという思いで駆けつけた。密航に失敗し、その関連で師匠格の佐久間象山《さくましょうざん》は十年近い蟄居《ちっきょ》処分になった。なぜかというと、どうやらアメリカ側と佐久間象山との間に何か密約があって、二人の密航者を送る件というところまで計画していたらしい。むろん、それは今のところ何も証拠書類もないのですが。

ペリーとハリスの待遇の落差の謎

宮崎　それはともかく、日米関係を考えるうえで、日本の歴史教科書は「たった四杯で夜も眠れず」といってペリーの砲艦外交により、日本の開国が無理やり始まったかのように書いていますが、渡辺さんの著作『日本開国』（草思社文庫）によれば全然違う。渡辺さんは、ペリー

ハリスの滞在した玉泉寺、日本最初の米国総領事館（玉泉寺HPより）

の日本開国の目的にしても、当時灯りとりの油として利用されていた鯨油《げいゆ》を取るための捕鯨船の安全確保などではなく、最大の貿易市場であった中国（清国）市場へのロジスティックス・ルート（太平洋シーレーン）の構築であり、日本開国はそのプロセスの一つにすぎなかった、と力説されます。これは大変説得力のある説なんですが、面白いのは渡辺さんのこの史観の提唱が、ペリーの精力的な開国交渉と、その後総領事として派遣されたタウンゼント・ハリスを下田港に「捨て置いた」というアメリカ外交の、「不自然な落差」への疑問から出発している点です。渡辺さんが歴史家として優れているのは、こうした一見些細《ささい》に見えるけれども本質的な疑問を拾いあげる営為にあるのだと思いました。やはり下田で生まれ育ったことが大きいのではないですか？

渡辺　そうですね、子どものときに下田に住んでいたことが、大きいのだと思います。日本での滞在所（総領事館）だった曹洞宗《そうとうしゅう》の古刹《こさつ》の玉泉寺《ぎょくせんじ》も、彼がよく散策した、今では遊歩道「ハリスの小径」として整備されている海辺の道も、すぐ身近にありましたから。

ペリーは大艦隊を率いての来航でしたが、ハリスは「世界でもっとも隔絶されたアメリカの外交官」と自嘲《じちょう》しているように大変「孤独」なんですね。じっさいハリスを日本へ運んだサンジャシント号が下田の港から去ると軍事力という後ろ盾がなくなります。そうしたなかで、日米和親条約では積み残されていた通商問題を、ハリスはほとんど独力で処理しなければなりませんでした。この落差は何なのだと。『日本開国』を執筆したのはこの「ハリスの孤独」から出発していますが、それには子どもの頃から教科書的な記述では満足できなかったことが土台にあったからだと思います。

ペリーの「たった四杯で夜も眠れず」というような表現にしても、当時でも週刊誌の見出しと同じレベルの記述にすぎません。それを歴史教科書に使うとは何事だという思いもあります。

日本開国のカギを握る戦略家・アーロン・パーマー

渡辺　日本開国を考えるうえでまずきわめて重要なのは、アーロン・パーマー（一七七八〔あるいは一七七九〕―一八六三年）という人物です。肖像画もまだ発見されておらず、日本側の資料ではほとんど取り上げられることはありませんが、彼が日本開国という壮大な計画の立案者であることは間違いありません。ペリーは彼の構想を実現してみせたわけです。アメリカを理解するうえでも、日米関係の歴史を考えるうえでも、アメリカの資料を読み込むことが重要なのは、日本人が思いもよらぬ「視座」がそこにあるからです。われわれの知らない「視座」が日本の歴史に大きな影響を与えているのです。また、重要人物であるにもかかわらず、日本政府側が意図的に隠している場合があります。明治の元勲の書いたものを読んでもあえて書いていないなと思われるお雇い外国人の功績が見受けられます。国民新聞の徳富蘇峰《とくとみそほう》にしても、政権に気を遣っているせいか知っていることでも書いていないことがあります。しかしながら、アメリカのアドバイザーの日本に果たした役割を知らないと、明治維新にしても本当のところは見えてきません。だから私の本には日本人が知らない人物や事件が多い（笑）。パーマーもその一人です。

パーマーは法律家であり、ネイサン・メイヤー・ロスチャイルド&サンズのアメリカエージェントです。ロスチャイルドというとすぐ陰謀論という向きもありますが、そうしたレッテル貼りは無視して、史実だけを見ていけばよいのです。

このパーマーが「日本開国提案書」を提出した一八四九年というのは非常に面白い年です。ロスチャイルドのエージェントにはもう一人オーガスト・ベルモントという男がいるのですが、彼がペリー提督の娘、キャロライン・ペリーと結婚した年なのです。
キャロラインは、当時のニューヨークの社交界でナンバー1と目されるほどの美人でした。

オーガスト・ベルモント
(1816—1890年)

キャロライン・ベルモント(ペリー)
(1829—1892年)

婿《むこ》のベルモントも英国ロスチャイルドの雇用人だった。新興のアメリカ金融市場に大きな魅力を感じ独立し、アメリカで仕事を始めていたのですが、あまりにも優秀なのでロスチャイルドがエージェントにして手放さなかった。つまり、ペリー提督の日本開国には、二人のロスチャイルドのエージェントが大きく関わっていたわけです。

じつは当初日本開国の命を受けたのはペリーではなく、ジョン・オーリック提督なのですが、理由はよくわからないまま解任されます。パーマーはこのミッションのリーダーには海軍の経験を積んだ交渉力のある軍人を充てるべきだと、具体的に「ペリー」の名前を挙げて早い段階から推薦していました。どこかの時点で、オーリックからペリーに替える政治判断があったことは間違いありません。実際、パーマーは提案書を出した一八四九年からペリーがノーフォークの港を出る一八五二年の間に、ペリーに何度も日本やアジアの知識をレクチャーしていました。そしてパーマーとペリーの娘婿になったベルモントはロスチャイルドのエージェントとして仕事仲間でもあります。このあたりにペリー提督が任命された裏事情が隠されているのではないかと、私は見ています。

アメリカは新興国の農業国家にすぎなかった

宮崎　そのパーマーという謎めいた人物ですが、日本でおそらく最初に本格的記述をなした評論家は村松剛《むらまつたけし》氏の『醒《さ》めた炎』(中央公論新社)でしょう。このなかで、村松氏は、「パルマー(パーマー)」を、「アメリカのアジアへの進出を一八四〇年代のはじめから熱心に主張し、日本を含む極東全域の地図や資料を自費で印刷して、国会議員の全員にいくども配布している」ほどで、まさにマニフェストディスティニー(明白なる宿命の意。異教徒へのキリスト教への啓蒙《けいもう》運動)の信奉者であり、日本をキリスト教の国にできると信じていた人物でもありました。

つまり「黒船派遣の影の演出者は、ニューヨークのこの商人だった。『日本遠征の実行に関して、パルマー氏は私の知るいかなる人物よりも高く称賛されなければならないと信じています』と元国務長官のクレイトンは一八五五年一月に上院で述べた」と書いているのです。

パルマー（パーマー）は当時のニューヨーク商工会を牛耳る、最高裁判所顧問兼国務省嘱託でもあった。

黒船日本派遣の責任者に指名されたペリーは、最初まったく乗り気ではなかった。ペリーが定年を前に希望したのは「この世の果て」の東インドではなく、「華やかな地中海艦隊の指揮をとることだった」。なぜなら「ペリーの娘のキャロラインはオーガスト・ベルモントという資産家と結婚していて、そのベルモント夫婦が一八五二年の冬を南ヨオロッパで過ごす計画を立てていた。娘たちに合流したいという気持」（村松前掲書）がペリーには強かったからだ。

どうしても、というのならペリーは最高指揮官の名誉を保証してほしいと迫り、ここで「コモドール」（代理提督）という栄誉ある称号を受ける。一八八二年以前には、米国海軍に海軍少将以上のタイトルはなかったのですね。

結局当時のアメリカは、本物の外交官を日本に送り込んでいたわけではない。イギリスはそれに比べたら、ラザフォード・オールコックとか、アーネスト・サトウなど、老獪《ろうかい》で一流の外交官を送り込んできている。

渡辺　その視点は非常に重要です。今でこそアメリカは超大国ですが、当時は大国といえばイギリスで、アメリカは遅れた新興国、農業国家にすぎなかった。ペリーにしてもハリスにしても、とにかくイギリスの外交官のレベルの高さに驚いているんですね。ところがアメリカの外交官はラッセル商会（上海、広東でアヘンを取り扱っていた米国商社）の幹部だったり、要するに「マーチャント・コンスル」というのですが、商人領事を使っていた。この時代の米英関係というのは、対立関係だったわけです。南北戦争（一八六一～六五年）の本質もそうです。それは後程《のちほど》詳しく説明しますが、この構図をしっかり押さえておかないと当時の世界の動きがまったく見えてきません。

パーマーは誰のロビイストなのか

宮崎　パーマーはロビイスト、つまり特定の団体に有利になるように政府の行動を誘導する仕事ですが、その場合、われわれがすぐに想像するのは、捕鯨団体のロビイストではないかということです。日本の教科書的な説明では日本開国の狙いは貯炭場を設けるためだった、とされている。確かにペリーは先に小笠原《おがさわら》と琉球《りゅうきゅう》に行っています。琉球には六回も寄って、貯炭場は一応確保している。アメリカの国内世論もそうとらえていたわけです。したがって、日本開国の裏の意図というのは、当時のアメリカ国民にも説明されていなかったわけでしょう。それでは、パーマーをロビイストとして動かそうとしていたのはいったいどの団体か？

渡辺　漂流民の保護は計画書の重要なテーマとなっていますから、とうぜん捕鯨業界関係者とのつながりはあったはずです。しかも、当時は漁業に携わる船員は水兵の予備軍であり、大型船は戦艦への転用が可能でした。パーマーはかつてチリ政府の依頼で、密かにニューヨークで購入した二隻の大型船のための船員の手配を託されたことがあります。パーマーと捕鯨業界の関係は確かにありました。

また、パーマーは中国に赴任していた宣教師ウィリアムス（サミュエル・ウィリアムズ）と親密な関係があり、日本の情報も彼から得ていました。江戸の地図もこのウィリアムスから借り受けています。日本での布教という観点からいっても、宗教界も彼を後押ししたでしょう。

それから、前述したようにパーマーはロスチャイルドのエージェントですから、ロスチャイルド家も関与しているはずです。実際ロスチャイルド家が得意とする巨大なプロジェクトも日本開国とともに動き、その大型ファイナンスをロスチャイルドが請け負っています。ですからパーマーの背後には複数の業界がいて後押しをしていただろうことは想像に難《かた》くありません。

宮崎　なかでも、ロスチャイルドの代理人であったという指摘は重要ですね。

渡辺　パーマーを見ていると、それだけでなく、基本的にはアメリカを強くして、イギリスと対抗できる強国にしたいという構想を持っていた男、つまり愛国者だったことがわかります。

彼は、一八四九年に当時国務長官だったジョン・クレイトンに、いわゆる「日本開国提案書」を提出したわけですが、彼の構想というのは、要するに中国市場をイギリスから奪うことでした。そのためには安全なシーレーンを確保しなくてはならない。そのうえで、日本の地勢的な位置がアメリカの国益に適ったわけです。アメリカ西海岸から支那に通じる安全な海路ができれば英国との通商戦争に勝てる。これがパーマー構想の肝《きも》です。英国からのルートより、より短い物流経路ができかつ市場情報も英国より先に手に入るのです。当時の支那市場は、まさに金の卵を産むニワトリのような存在だった。支那市場を制覇すれば世界を支配できた。パーマー構想を理解するにはそういう時代背景を頭に入れておく必要があります。

宮崎　彼は相当な戦略家ですよね。アメリカだけじゃなく、日本の将来まで考えている(笑)。「東洋のイギリスになる」と書いている。

渡辺　パーマーの予言は彼の死の四十二年後の一九〇五年五月に、日本がロシアのバルチック艦隊を壊滅させたことで、実現したと言っていいでしょう。「日本はアメリカとの国交を持つことで、蒸気船建造とメンテナンスの知識を得ることができる。最新の陸海兵器を保有できる。そうすれば外国勢力の侵略から国を守ることができる。日本は東洋の一等国に変貌《へんぼう》できるのだ」と、本来日本の指導者が描かねばならないようなビジョンを一八四八年の時点に立てています。

むろん、日本への善意からではなく、あくまでアメリカの国益の追求であり、交渉を有利に進めるために相手国にとってのメリットを提示したのでしょう。アメリカの船舶が太平洋航路を安全に航行できれば、イギリスの世界制覇に対抗できるのです。上海から日本の東岸を抜け、アメリカ北西部の港サンフランシスコに抜ける航路(グレートサークルルート)が安全に使えるようになればいいわけです。ペリーが事前に琉球や小笠原に入っていたのも、万が一交渉が失敗したときに第二のルート、遠回りにはなりますが、を確保していたという意味合いもあったのだと思います。

アメリカは日本をよく研究していた

宮崎　渡辺さんは開国提案書を「対日戦争計画書」と呼べると書いておられますね。パーマーは特別に艦隊を編成し江戸湾に侵入させたうえで、以下のような条件を最後通牒《つうちょう》として日本に突きつけろと言っています。

一、虐待された漂流民への十分な賠償、死亡した場合には遺族へ五千ドルの支払い、米国側の交渉に関わる費用を負担させること

二、米国船が悪天候の場合に避難できる港を提供すること、修理補給を日本の市場価格で提供すること、費用はアメリカ政府が負担すること

三、日本またはその支配下にある港を交易のため開港すること、外交関係を結び領事を派遣すること、外交特権を保障し侮辱的な作法を強要しないこと

四、サンフランシスコ—上海間を結ぶ蒸気船の石炭補給基地を提供すること

五、両国の条約は清との間に結ばれた望夏《ぼうか》条約をベースにすること

望厦条約というのは、一八四四年にマカオ近郊の望厦村で締結された清とアメリカとの最初の条約で、アメリカ全権大使はケイレブ・クッシング。アヘン戦争後にイギリスが清との間で結んだ南京条約、虎門寨追加条約《こもんさいついかじょうやく》とほぼ同じ内容だけあって、清にとっては不利な内容です。領土的要求はしていないものの、片務的最恵国待遇や領事裁判権が認められている。一つ例外があって、アメリカ国民がアヘン密売の罪で訴追された場合のみ、清の法律が適用されるんでしたね。アメリカはこの条約を結ぶのに軍事行動をちらつかせながら勝ちとったわけです。同じことを日本にもしようとした。

渡辺　じつはその清との交渉を成功させたクッシングにはそのまま日本に向かい開国交渉に当たれという指令が出ていました。その命令書が清に届いたときにはクッシングは帰国の途についていたので、実現しませんでしたが。

宮崎　パーマーは江戸湾封鎖の権限を特使に与えることを提案しています。「首都への物資の供給が途絶えれば、われわれの条件を呑《の》むことは間違いない……日本はすべての点で脆弱《ぜいじゃく》である。勇敢で好戦的な民族ではあるが、わずか一隻のフリゲート艦の攻撃に対する防御もできない」。これは海上封鎖ですよ。日本の防衛力の実態を非常によく研究している。

好意的な日本論を書いたイギリス人

渡辺　パーマーもペリーも日本のことを本当によく研究しているんですね。ペリーは日本開国の交渉者になるまでは、日本のことなど何も知りませんでした。そんなペリーが日本を理解するために、日本へ向かう船中で読み込んだ本の一つが、チャールズ・マックファーレンが書いた『日本1852』（草思社文庫）です。本書は私が翻訳したのですが、日本に対する理解が非常に深い。「日本：地理と歴史　この列島の帝国が西洋人に知られてから現在まで、及びアメリカが準備する遠征計画について」という長い原題の書です。

宮崎　私も読んで驚きました。しかも日本に対して非常に好意的ですね。たとえば、家康《いえやす》の時代に日本にやってきたイギリスの航海士の三浦按針《みうらあんじん》ことウィリアム・アダムス（一五六四―一六二〇年）の次のような手紙を紹介しています。

「この国は素晴らしい国である。北は北緯四十八度、南は三十五度。北東から南西に広がる国土は二百二十リーグ（およそ一千百キロ）の長さをもっている。東西の広がりは経度で十三度。この緯度での経度一度の差は二十リーグである。日本人は礼儀正しく好感が持てるのだが、戦《いくさ》になると勇敢である。仁義が重んじられ、それに違反する者は厳しく処分されている。礼節によって統治されているといってもいいくらいだ。この国よりも礼節が重視されている国は他になかろう。神を敬うことには熱心である反面、多様な考えを持つことには寛容である」

渡辺さんも指摘されていましたが、マックファーレンは日本の権力と権威の分離も把握しているんですね。世俗権力の象徴である将軍と、武力を有しないミカド（皇室）が並列していることに気づいている。しかもマックファーレンは日本に来たことがないのですよね。

渡辺　マックファーレンは英国人の歴史家ですが、彼の情報源の多くが長崎出島《でじま》に暮らしたオランダ商館長や商館員のものからです。当時出島に勤務したのはオランダ人だけではありませんでした。オランダは小国で人口が少なかったため、有為な人材を外国に頼っていたのです。したがって、幕府の目からは全員オランダ人に見えても、イギリス人やドイツ人もいた。彼らは母国語で日本での経験を書いていました。それらの作品も重要な資料だったんですね。

たとえば、ワーテルローの戦い（一八一五年。イギリス・プロイセン軍がナポレオン一世のフランス軍を破った戦い）で、のちに、英国代表として交渉に臨んだジェームズ・ドラモンド卿に、知り合ったことが日本に関心を持ったきっかけだと、マックファーレンは書いていますが、ドラモンド卿も若かりし頃、オランダ人と偽って日本に数年暮らした経験があったようです。

長崎出島（撮影宮崎）

宮崎　おや、そんな人間もいたのですか。今長崎に残る出島跡地を訪ねてみると驚かされるのは、じつに狭いことです。マックファーレンは、あの長崎出島に暮らしたオランダ人や、ポルトガル、スペインの宣教師や、商人などの資料をこまめに集め、書簡にも目を通し、シーボルトの日誌や資料にもあたり、総合的な分析チームの主任のように、日本を徹底して分析しています。まるで戦前の満鉄調査部を一人でこなした。

さすがに情報の国、それまでなおざりに異国譚《たん》としてエキゾティックに語られ、珍しがられたマルコ・ポーロの大風呂敷は吹き飛び、科学的客観性が要求される時代になっていたのですね。

だから日本では女性の地位が高いことに驚

いています。

「日本の女性の地位は他のアジア諸国の中でも飛び抜けて高い（far higher and better）。江戸に住む女性はコンスタンチノープルのトルコ女性の百倍もの自由があり、計り知れないほど大事にされている」

日本人と支那人の違いを見極めていたドイツ人

宮崎　また、オランダ商館の医官であるドイツ人、エンゲルベルト・ケンペルの観察を紹介しています。彼の分析は非常に客観的で鋭い。たとえばこうです。

「日本語の中には外国の言葉がほとんど見られない。したがって日本文化が変質したと示すものはほとんどない。固有の宗教や古い習慣が存続している。このことは、この国に住み着いた外国人集落の影響力がきわめて限定的であったことを示している」

ケンペルは、日本では漢字が使われていても、日本人と中国人の違いを明確に把握しています。言語の共通性がまったくないということ、発音の違いも顕著であること、宗教が違うこと、肉体の差異から生活習慣、文化的側面までことごとく違いを見ているんですね。「まったく異なる人種」だと理解している。

発音については日本語は明瞭《めいりょう》ではっきりと聞き取れるが、漢語は子音の洪水のようなものであり、歌を聞くような感じで、慣れない耳にはひどく不快だと言っています。

また肉体についても、日本人はヨーロッパ人ほど肉体的頑健さはないが、しっかりとした強靭《きょうじん》さがあり、力強い手足を持っている。肌の色は黄色味がかっていて、朝鮮人やアイヌとの共通点は多いが、「総じていえば、日本人は漢人よりも強靭（stronger and hardier）で勇敢な民族（a braver race）である」と観察しています。

さらに生活習慣や文化的側面の違いも次のように言います。

「漢人は戦いを回避する傾向が強く（peaceable）臆病《おくびょう》なところがある。おとなしくさせるのは簡単だが、こずるく（cunning）疑い深く（suspicious）強欲で（greedy）、すぐに賄賂《わいろ》が横行し高利貸しなどに手を染める。一方日本人といえば、身のこなしがすばやく敏捷《びんしょう》（quick and volatile）で、行動も大胆（daring）である。活動的でいつも刺激を求めてフランクで自由闊達《かったつ》（liberal）。ノルマン人の持つ美徳（virtues）の多くを持ち合わせている」

この日本人と漢人との民族性の差違は今もまったく変わりません。

マックファーレンは日本人とモンゴル系のトルコ人は似ているとし、「日本人はまさに最高に洗練されたタタール人である（super-refined Tartars）」と定義するのです。

いや、あの誤解だらけのルース・ベネディクトの『菊と刀』よりよほどいい（笑）。『菊と刀』は戦後の一九四六年に出版されましたが、逆にいうと一八五二年の時点でイギリスとアメリカが日本に関してこれだけ深く理解していたわけですね。それもペリー来航まえに。

渡辺　ですから、明治期に多くの西洋人が日本を訪れ、好意的な描写を残していますが、彼らは日本に来るまえに、マックファーレンに代表される本を読んでいたのです。日本に来て日本の良さを発見したのではなく、書いてあることが事実であったことへの驚きなんですね。
ペリーもこの『日本1852』を読んでいたから、クッシングが清に対したように高圧的ではなく、日本に対しては丁寧に交渉したのだと思います。もちろん、当時の米海軍の四分の一の勢力を割いての交渉ですから、軍事圧力はかけていますが、時間的猶予も与え日本の二重権力に配慮した形跡も見られます。たとえば、艦隊の来航は二度にわたっており、一度目の来航時にはわずか四隻の小艦隊で、翌年に再び来航することを、伝えただけでした。また、日米和親条約締結から領事赴任まで十八カ月の余裕を持たせています。

宮崎　しかし、かくも鋭敏で正確で洞察力に富んだ分析が、ペリー来航前にアメリカでなされていたこと自体、インテリジェンスの卓越性を物語り、脅威といえば脅威ですよ。

三浦按針はなぜ平戸にいたのか

宮崎　じつはこの本のお陰で私は、永年わからなかった謎がいくつか氷解しました。そのうちの一つが前述したウィリアム・アダムスがなぜ平戸にいたのかということです。

私は以前、吉田松陰の平戸留学の目的と成果を調べるために、平戸に行ったことがあるのですが、そのときに初めてアダムスの住居跡が平戸にあることを知り驚いたものです。

吉田松陰が山鹿《やまが》流軍学を学ぶために平戸を訪れたのは一八五〇年です。平戸には有名な儒学者で平戸藩家老でもあった葉山佐内《はやまさない》がいたことも、その理由です。松陰は紙屋という旅館に滞在しながら数多くの書物を書き写しました。そこで初めて会沢正志斎《あいざわせいしさい》の『新論』や藤田東湖《ふじたとうこ》を読み、それが後年の脱藩行為となる東北遊学につながるんですけれど。

それはともかく、松陰が逗留《とうりゅう》した紙屋から歩いて五分もかからないところに三浦按針邸はあった。しかしもとをただせば、アダムスのお陰で、ポルトガルに独占されていた日本との交易をオランダは結ぶことができたし、イギリスは平戸にイギリス商館を置くことができました。

そしてその時代背景には、ポルトガルとオランダの布教と交易をめぐる激しい対立と、そうし

平戸にある三浦按針の館跡（撮影宮崎）

た対立による日本人のキリスト教への不信および弾圧があったことが、本書には書かれています。

渡辺　教科書的な記述では、一六三七年に天《あま》草《くさ》四《し》郎《ろう》が起こした島原の乱は、幕府の弾圧に対するキリスト教徒の反乱としてしか教えていません。しかしその背景には、ポルトガルとオランダの対立、すなわち、カソリックとプロテスタントの布教をめぐる戦いがあった、という視点が抜け落ちています。じつは島原の乱の鎮圧に、オランダは幕府に大砲と船を提供し、手を貸していました。つまり、キリスト教国であるはずのオランダが日本人のキリスト教徒（カソリック信者）を鎮圧していたのです。反乱軍が立て籠もった原《はら》城が落ちたのはオランダ船が持ち込んだ大砲によるものでした。

ところが鎮圧に協力したオランダを幕府は嫌うのです。幕府がオランダ商館を快適な平戸から窮屈な出島へと移した理由も、島原の乱におけるオランダの協力のように、内輪揉《も》めばかりするキリスト教への不信感、つまり「宗教的不寛容への嫌悪感」が決定的になったからです。

カソリックとプロテスタントの争い

宮崎　今のお話をより深く理解するためには、まず当時の世界史に目を転じる必要があると思います。十五世紀から十六世紀にかけてはポルトガルとスペインが地球を二分しようとする（一四九四年、トルデシリャス条約）ほど勢力を誇っていましたが、海外進出ではポルトガルに一歩出遅れます。日本に最初に来たのもポルトガルです。当時オランダはスペインの一部でしたが、十六世紀末から反スペインの動きが激しくなり最終的にスペインから独立します（一六四八年、ウェストファリア条約）。十七世紀前半はオランダの興隆期であり、世界に広がるポルトガルの植民地を次々に攻略した時期にあたります。したがって、日本からのポルトガルの追放も両国の抗争の一局面です。これは宗教的に見れば、カソリックであるポルトガルとスペインの衰退と、カルヴァン主義のオランダ、プロテスタントのイギリスの興隆を意味している。日本においてはアダムスがその潮流に大きく貢献していたわけです。

では、キリスト教と日本の接触の歴史を振り返りたいと思います。西洋と日本との接触の嚆矢《こうし》は『東方見聞録』のマルコ・ポーロですが、マルコ・ポーロは日本に来たことがなく、中国で聞いた噂話《うわさばなし》を書いたにすぎません。本格的に日本との交易を始めたのはポルトガルで、これが大成功を収めました。なかでもフランシスコ・ザビエルが創立に関わったイエズス会の宣教師たちです。彼らの布教の仕方は非常に慎重だったようですね。

渡辺　マカオに向かうはずだったポルトガル船が嵐《あらし》のため、偶然九州・豊後《ぶんご》（大分県臼杵《うすき》市）に打ち寄せられたのが、一五四二年です。じつは最近の研究ではマルコ・ポーロの日本の観察は意外に正確だったと評価されているのですが、要するに当時の日本は非常に豊かでした。

宮崎　マルコ・ポーロは甘粛省《かんしゅくしょう》の張掖《ちょうえき》という町に一年ほど滞在していますから中国の奥地まで行ったのは事実です。私も行ってみましたが、白亜のマルコポーロ像がありました。

渡辺　初めて来日したポルトガル人たちは、まず日本の肥沃《ひよく》さと美しさと人の多さ、豊富に存在する金、銀、銅の鉱物資源に瞠目《どうもく》します。また、彼らを迎えた日本人たちの友好的な態度と知的な気性に布教の可能性を見出したわけです。

それから七年後の一五四九年にザビエルが日本にやってきて、初めてキリスト教を広めます。

この時代は戦国時代で幕府の力が弱かったため、大名の力が強く独立性が高かったことも幸いしたのでしょう。実際、大友《おおとも》（宗麟）、有馬《ありま》（晴信）、大村《おおむら》（純忠）は大名自ら信者となり洗礼を受けています。イエズス会は、ザビエルの死後も一五七〇年までに五〇の教会を設立し、三万人の信者を獲得したといいます。

また、キリシタン大名らは一五八二年には日本から天正遣欧少年使節をローマに派遣し、使節は教皇とも謁見を許されております。彼らは一五九〇年に帰国しますが、それからわずか二年の間で少なくとも一万二〇〇〇人が信者となり、洗礼を受けていたといいます。

日本で大成功していたポルトガル人

宮崎　一方、彼らは日本との交易でもずいぶん荒稼ぎしていました。冒頭にも述べたように日本から小判がザックザックと海外へ流出してしまいます。

渡辺　当時、交易や布教の窓口となったのは豊後、平戸、長崎の三つの港ですが、輸入品の利益率は少なくとも一〇〇%と非常に高かったんですね。また日本からの輸出品の利益もきわめて高かったようです。年間三〇〇トンにもなる金、銀、銅が日本から持ち出されたといいます。

先ほど宮崎さんが紹介し、マックファーレンもしばしば参考にしているエンゲルベルト・ケンペルによると、もしポルトガル人による貴金属の流出があと二十年も続いていたら、日本からすっかり富がなくなっていただろう、と書いているほどです。

宮崎　そうならなくて本当によかった。つまり、少なくとも当初は、日本はカソリックを拒否したのではなく、受け入れていたのです。

渡辺　ケンペルはこのポルトガル人の布教と交易の成功には、日本人とポルトガル人の間に、考え方・振る舞い・性向に類似点があるからと分析しています。そしてそれは両国の同じような気候が影響しているのではないかと言います。

また、カソリックと大乗仏教の類似性も言われています。平山朝治《ひらやまあさじ》氏によると「大乗仏教誕生に決定的な役割を果たしたのはキリスト教であり、大乗仏教には隠れキリスト教という側面があるという仮説は非常に有望なものと思われる」と言っております（「大乗仏教の誕生とキリスト教」『筑波大学経済学論集』第五七号、二〇〇七年三月）。

実際、ザビエルの指示でキリスト教義を邦訳した「あんじろう」は「神」の概念を「大日《だいにち》」としています。真言宗《しんごんしゅう》では、神の中の神は「大日如来《にょらい》」ですから、「あんじろう」の翻訳はあながち間違いではありません。「あんじろう」はキリスト教徒になる前は真言宗の信者でした。ザビエルは、神のことを「大日」として日本人に説教しました。そのため、当時の日本人はキリスト教を仏教の一派と思ったのです。ですからザビエルの教えを自然に受け入れた。ザビエルがこの「誤訳」に気づくのは暫くしてからのことです。

宮崎　今日のポルトガルは衰退した国という印象が強いですが、リスボンへ行くと日本文化関連の施設やら漫画のセンターもあって、日本熱は続いています。日本での成功を聞いたポルトガル人は、あまりに多くの宣教師たちを日本に派遣し、結局は自分たちのクビを絞める結果となりました。

　最初にやってきたイエズス会の宣教師たちは慎重でしたが、他派はそうではなかった。スペインの後押しを受けていたフランシスコ修道会は、ポルトガルの影響下にあるイエズス会やドミニコ修道会と対立したのです。


渡辺　その点、マックファーレンはイギリス人らしく、カソリックの布教活動による内輪揉めをきわめて冷ややかに観察しています。

　しかもいけないのは、日本人を煽動《せんどう》して他派を攻撃させたことです。むしろ真摯《しんし》にキリスト教を信じるようになった日本人が宣教師たちの争いを収めようとしたほどです。

　あげくのはてに、あとから来た宣教師たちは、日本の領主をまったく敬わず、まるで自分が領主であるといわんばかりの横柄な態度を取り始めました。日本の領主たちが妾を何人も抱えていることを公然と非難したり、また、キリスト教の教えを信じなければ永遠に地獄で苦しむといって、仏教の僧侶を侮辱し、信者を使って、仏像や寺を破壊させたのです。

　少し先走った話になりますが、フィリピンをアメリカが領土化したときにアメリカが困ったのは、同地にどっかりと根を張ったカソリック教会の支配システムの扱いでした。カソリック教会はフィリピンの大地主であり、教育内容も一部特権層にカソリック思想を教えるものだった。フィリピンの民政長官となったウィリアム・タフト（のちの大統領）が強引にフィリピン社会の隅々にまでいきわたっていたカソリック教会による支配と統治のシステムを崩しましたが、アメリカの強引さがなければ崩せなかったでしょう。タフトは、バチカンと交渉し、教会が独占していた農地を無理やりにとでも言ってよい手法で買い上げ、自作農を増やしたのです。日本に当時のカソリック教会が根を張ったとしたらどんな社会になっていたか、いささかぞっとするところがあります。現代人が見るカソリック教会（徒）とはまったく違う姿が当時はあったことを忘れてはなりません。フィリピンについてはあとでまたじっくり議論したいと思います。

宮崎　代表的なキリシタン大名である高山右近《たかやまうこん》はそれで、領内の神社仏閣を徹底的に破壊し、神官や僧侶に迫害を加えました。これは余談になりますが、この衝撃が明治になってからは廃《はい》仏毀釈《ぶつきしゃく》として表れるのです。いちばん酷いのは薩摩《さつま》でした。

渡辺　確かに、薩摩の歴史をたどろうと鹿児島県を歩いても、まともなお寺がありませんね。

宮崎　いかんせん島津《しまづ》家の菩提寺《ぼだいじ》が廃仏毀釈で破壊され、廃寺になってしまうという異常さでした。ただし斉彬《なりあきら》は照国《てるくに》神社の祭神として祀《まつ》られていますが……。

殉教者という美談の裏

宮崎　要するに家康《いえやす》や秀吉《ひでよし》のキリスト教への弾圧はキリスト教のほうにこそ問題があった。日本信者を巻き込み利用して派閥争いを拡大した。しかも日本の支配者たちを公然と批判したわけです。

渡辺　マックファーレンは、カソリックの宣教師が日本で革命を起こそうとしていたと疑われても仕方がないと書いています。一五九七年に起こった秀吉による二十六人のキリスト教徒を磔刑《たっけい》とした「二十六聖人殉教事件」など激しい迫害がありました。もっとも、処刑された多くは日本人教徒でした。

宮崎　この事件はカソリックが勝手に祀り上げているだけでしょう。キリスト教にとっていちばん尊いのはマーター（殉教者）ですから、無理やりそういう格好に拵《こしら》えた。仏像や寺を破壊したということは、犯罪者だったわけです。ところが、殉教者に祀り上げられれば、キリスト教のなかで扱いがまったく違う。自殺は禁じられているけれど殉教者ならいいと。そこに目をつけたのが遠藤周作《えんどうしゅうさく》で『沈黙』を書いた。これは日本ではあまり評価されないけれど、たちまち翻訳が出てノーベル文学賞候補になりました。かくもキリスト教に対する日本と西洋の認識の差は今でも相当すごい。

渡辺　『沈黙』はポルトガル人でイエズス会の神学者がついに棄教して踏み絵する話ですが、要するに日本人信者には仏像破壊などして偶像崇拝を許さなかったポルトガル人が自ら偶像崇拝していたということでしょう。

ちなみに、オランダ人はルター派や長老派のプロテスタントと同じように、十字架や十字架のキリスト像や聖人の肖像画に対する偶像崇拝の念は、薄かったようです。むしろ、オランダ人は、こうした偶像崇拝の対象が、不敬な手段で破壊されるのを喜んでいた節さえあります。

私の友人が日本に帰ってくる飛行機でペルー人の尼さんと隣り合わせて、どこに行くのかと尋ねると、長崎の殉教者のところにお参りに行く、可哀そうな人たちだと言うので、友人が彼らは殺されて当然だと言ったら、口をあんぐり開けてぐうの音も出なかった、と。その友人は、ちょうどペルー旅行からの帰途で、南米大陸でスペイン（カソリック教徒）が行った蛮行の傷跡を見てきたばかりだった。尼さんたちも運が悪かった（笑）。やはりキリスト教のなかの殉教者というのは、美談みたいに教科書で子どもたちに教えているようですが、もっと裏があるということも教えなくてはいけないと思います。

宮崎　さっきの遠藤周作にちょっと付け加えますと、彼の晩年の作品はインドの輪廻《りんね》転生《てんしょう》を描く『深い河』で仏教的です。インドに長期ロケをして映画にもなりました。

ポルトガルとオランダの衰退

渡辺　とはいえまだこの頃は、ポルトガル人の宣教師こそ迫害を受けても、商人たちとの貿易は依然続いていました。ところが、ポルトガルの船に交って密航し布教を続けようとする宣教師たちが後を絶たず、これに対処するために、ポルトガル人の出入りを平戸から長崎港の小さな出島に限定し、他の港を利用することをいっさい禁じるようになりました。するとポルトガルは目に見えて衰退し始めるのです。

宮崎　この時期、日本以外でもセイロンなど東洋におけるポルトガルの植民地をオランダは次々に奪っていきます。つまり、江戸の初期において、ポルトガルがおよそ百年かけて築いた権益が雲散霧消しようとしていた。その代わりに幕府に取り入って台頭してきたのがオランダですが、それに大きく貢献したのが、ウィリアム・アダムスです。

渡辺　日本の資料ではアダムスは豊後（臼杵）の黒島に「漂着」したと記述されていますが、この表記は間違いです。アダムスたちの最初の目的地は東インド諸島だったのです。ところが途中の時化《しけ》で船体が破損し、病気で船員の多くが死んだためそこまでは行けなくなった。そこで目的地を日本に切りかえたのです。けっして「漂流」して日本に辿《たど》り着いたわけではない。これはアダムスの技能と科学知識によるところが大だったのです。

宮崎　大坂へ回送され、牢獄に入れられますが、十数回も家康に直々に呼ばれ、そのつど家康の好奇心を満たす回答をすることに成功しています。

家康は天文学、航海術、世界地図、アジア情勢、カソリックとプロテスタントの対立、ポルトガルとスペインがなぜいがみ合い、しかもオランダの興隆の謎までも聞きただした。なかでも特に家康が関心を示したのが、幾何と代数でした。西洋の数学に関してもアダムスの知識は豊かで、いわば国際情報のアンテナになる、得難い人物を家康は得たのです。

家康に重宝されたアダムスは国際情勢の顧問役であったばかりか、航海知識を活かせとばかり西洋型帆船の造船も命じられます。彼は製図だけですが日本の船大工を使って実際に伊豆の伊東《いとう》で八〇トンの船を作り上げ、家康を大層喜ばしています。のちに一二〇トンの帆船も造船しています。アダムスは地方領主のような扱いを受け、家来が八〇人から九〇人も持てる身分となっていました。オランダが平戸に商館を設立できたのもアダムスが家康と交渉したからです。

渡辺　しかし結局はそのオランダも衰退します。前述のように、島原の乱においてオランダ人は、キリスト教徒弾圧の手先として協力したにもかかわらず、幕府から期待したほどの見返りを得られませんでした。なぜなら「儲《もう》けのことしか考えない悪徳商売人」と見做《みな》されたからです。ケンペルの次の言葉が印象的です。

「ポルトガル人が日本人にしっかり説明していたように、オランダ人もポルトガル人も、その信ずるものの本質はほとんど同じだった。それを日本人はわかっていたから、キリスト教信者の反乱鎮圧に喜んで協力したオランダ人が警戒されたのは当然だった。オランダ人が異教徒の国日本に忠誠を示すことなどあるはずがないのだ。幕府の要請に唯々諾々《いいだくだく》と従ったことで、日本人のオランダ人に対する警戒感を高めるという皮肉な結果になってしまった。我々は忌み嫌われ、そして軽蔑《けいべつ》される対象に成り下がってしまったのだ」

「一六四一年にはポルトガル人が日本から完全に追放され、キリスト教信者の取り締まりは厳しくなっていた。これに呼応するかのようにオランダの平戸商館は閉鎖され、快適な平戸から小さな出島の商館に移ることを命じられた」

オランダ人は出島には年に二隻の入港までしか認められませんでしたが、それでも十分な利益があったから、この特権を彼らはどうしても守りたかった。そのためには数えきれないほどの侮辱的な扱いを甘受しました。商売としてはそれほど旨味があったわけですが、そうしたオランダ人を日本人たちが尊敬するはずはないのです。

宮崎　アダムスの功績はやはりオランダをたてながらも、イギリスの利益の確保を図ろうとしていたことでしょう。最後には平戸にイギリスの商館を建て、任されました。

家康はアダムスとの関係で英国に対してのみ、どの港でも交易を許可し、しかも英国からの商品は無関税という特権を与えました。これをポルトガルとオランダはひどく羨《うらや》んだ。ところが、家康の死去とともに「日本の港に到着した船はすべて平戸に回航することを命じられ、交易はこの港に限られる」ことになったと渡辺さんは指摘《してき》されてますね。

「日本に持ち込む商品の選択がイギリスでいい加減にされたらしい。日本での需要がほとんど見込めないものばかりで、平戸商館の商売は結局利益を出せないでいた」ために、英国側が日本での交易を途中であきらめたというのです。一六二三年にはイギリスは、四万ポンドを超える費用を注ぎ込んだのですが、結局うまくいかずに、日本からの撤退を決めてしまいました。

渡辺　そのお話に一点追加すると、当時のイギリスは、まだインドを押さえ切っていないため、毛織物しかなかった。もしもアダムスの来日がインドを押さえたあとの時代であれば、安価な綿製品が江戸にもたらされ重宝されたはずなんです。これは歴史のイフにすぎませんが、アダムスが来る時代がインドを押さえたあとだったら、その後の日英関係もガラッと変わったのではないかと思います。

宮崎　インドはイギリスから独立後も、ゴアだけはポルトガルがしっかり押さえて、手放さなかった。ネルーが電光石火、軍を進めてゴアを回収するのはじつに一九六一年です。今のゴアに行くとザビエルの遺体のある教会などが世界遺産だけど、ゴア市内はインドでは珍しく、お酒飲み放題でカジノが一五軒もあります（笑）。ゴア郊外の海岸は美しいビーチ・リゾートになっていて、行って驚いたのは日本料亭もあった。

イギリスの後悔

渡辺　マックファーレンは彼と同時代の歴史家が、日本でのイギリスの商売が失敗に終わったことをひどく悔やんでいると書いています。

追放されたポルトガル、恥知らずなオランダ、魅力に乏しいイギリスの撤退で、日本は開国するどころか、キリスト教国に対する猛烈な偏見と敵意を抱いただけに終わりました。日本はますます固い「牡蠣《かき》の殻」に閉じこもってしまった。マックファーレンはそうした日本を殻から出す役割を、プロテスタントの国・アメリカに期待しています。そしてその恩恵を受けるのはアメリカだけでなく、イギリス、オランダ、フランス、ポルトガル、スペインにも配慮すべきだと、言います。

ローマ・カソリックへの偏見と強い敵意を和らげ、カソリックと新教の違いについて日本人にわかってもらえるなら、プロテスタント宣教師のほうが、強力な艦隊や軍隊よりも

（この国を開くことに）成功の可能性が高いかもしれない。宣教師は政治や軍事のマターに首を突っ込まないことが重要だ。日本の政府が、アメリカはこの国を占領しようとか併合しようとかしていると疑うようなことになれば、日本人はプロテスタントに対しても、二世紀以上にわたってポルトガルやカソリック教会に見せたような憎しみと同様の嫌悪感を示すだろう。

かくしてペリーが臨んだ日本開国という一大プロジェクトは、けっして平坦な道ではなかったのです。

ペリーの交渉相手は傑物の阿部正弘

宮崎 一方の日本の立場から見れば、開国を迫るペリーとの交渉を担当しなければならなかった、老中首座だった備後《びんご》福山藩（広島県）藩主・阿部正弘《あべまさひろ》も難しい立場です。一八五三年の時点で、開国を容認する藩はわずか三〇％。穏健な拒絶を支持する藩が五〇％、過激な攘夷《じょうい》開戦を主張する藩も一五％もあるなかでの交渉です。

ところで、彼は幕末のなかでは相当の傑物ですが、不幸にも日本では評価が低い。

渡辺 私も参考にした『阿部正弘事蹟』（渡辺修二郎《わたなべしゅうじろう》著）という本が戦前に出ており、「収拾の偉才」と評して、正弘の事績をきちんと評価しています。歴史家の出口治明《でぐちはるあき》さんも彼を評価していています。ところが、今本屋に行っても阿部正弘に関する本がなかなか見つかりません。

宮崎　福山城址の展示館に行ってみても、展示に阿部正弘のことはあまり出てこないですよ。そもそも福山は商人の町だということもあるかもしれません。政治家でも池田勇人《いけだはやと》、宮沢喜一《みやざわきいち》、企業でいえばベネッセとＪＦＥが高炉を持っています。あと福山通運。本当に商業の町ですよね。

渡辺　私はそこで正弘の書を見ましたが、人となりが思い浮かぶようでした。端正で気配りが利いた筆遣いで、見る者を落ち着かせる品のある字体でした。

『日本開国』で阿部正弘を評価したせいでしょうか、福山の図書館では私の他の作品も蔵書していただいています。阿部正弘を福山の人ももう少し評価するべきだと、思う地元の有志の方も少なくないのでしょう。

正弘は一八一九年に、五代藩主正精《まさきよ》の六男として江戸藩邸に生まれ、本来藩主となる立場にはありませんでしたが、病弱だった兄の代わりに、藩主の座を譲られています。阿部家は徳川譜代《ふだい》の名門で、多くの老中を輩出しており、正弘の父正精も老中です。正弘が老中に上がったのは一八四三年、翌々年の四五年には首座となっています。弱冠二十六歳で日本の政務を預けられたわけです。

宮崎　私と名前が同じですが（笑）、阿部正弘は徳川斉昭《なりあき》や島津斉彬など有力大名と巧みに連携し、困難な海防政策に対応していますね。また彼は、優秀な人材は身分の高低にかかわらず抜擢《ばってき》していますね。日本に西洋砲術を普及させた江川英龍《えがわひでたつ》、幕末きっての名官吏の川路聖謨《かわじとしあきら》、外国奉行に任じられた井上清直《いのうえきよなお》や永井尚志《ながいなおゆき》（「なおむね」とも）、岩瀬忠震《いわせただなり》など幕府の延命と国防に奮闘した幕臣たちです。

渡辺　しかしながら、「和」を大切にし、コンセンサスを重視する正弘の政治手法を、「優柔不断」として嫌う歴史家が多い。もっとも、明治の政治家は、小栗上野介忠順《おぐりこうずけのすけただまさ》に代表されるような幕臣のトップクラスは評価しないという伝統があって、それにのっとって、歴史家も書いている、という側面もあるからでしょう。

老中首座とはいえ、強権を発動できるわけではなく、だからこそコンセンサスを得ることが重要でした。将軍の後押しがあればまだよかったのですが、十二代将軍家慶《いえよし》も、その世継ぎの家定《いえさだ》にもそれは求むべくもない。正弘は自らの意思決定を援護してくれる将軍不在の「孤独なリーダー」だったのです。唯一の救いは政敵が少ないことでした。彼の死因は癌《がん》でしたがストレスが引き金になったのでしょう。享年三八、早すぎる死でした（一八五七年）。

五日間で決まっていた日米和親条約のカラクリ

渡辺　一八五四年にペリーは九隻の艦船を従えて再び日本へ来航します。神奈川湊《みなと》（現横浜市中区）で交渉が始まったのは三月八日です。ところが、交渉の状況をよく見てみますと面白いことがわかります。それからわずか五日後の三月十三日には、ペリー提督がアメリカ本国から持参した三三種の贈答品を徳川幕府に献上しています。これらの品はあいさつ代わりのお土産などではなく、人も乗せられる四分の一スケールの蒸気機関車をはじめとして、モールス電信機、ミシン、小銃など、進んだアメリカの科学技術を強烈に印象づけるための品々です。日本に西洋文明の発展ぶりを見せつけろと熱心に説いたのは、かのアーロン・パーマーです。クレイトン国務長官宛《あ》てにしたためた開国提案書には、それらの献上品リストが詳細に示されていますす。そこにはアメリカの拡張ぶりをビジュアルで認識できる多くの地図類も含まれていました。

宮崎　そうそう、渡辺さんのご講演でも、そのスライドをスクリーンに映し出していましたね。

渡辺　そのような交渉における大事なツールとなる、献上品をわずか五日後に引き渡しているのです。交渉に携わった者なら誰でもわかることかとは思いますが、そのような重要なものを渡すタイミングは非常に難しいはずです。大事なお土産は渡したが交渉は決裂しました、ではなんとも恥ずかしい。ですからペリー提督は早くも五日後に交渉が成功することを確信していたのではないかと、私は考えています。その後も交渉は続き、最終的に日米和親条約が締結されるのは三月三十一日ですが、実質的にはわずか五日間の交渉で妥結していたと考えてもいいのではないかと思うのです。

なぜそのような早期の妥結が可能だったのか。そのヒントが日米和親条約の「第十一条」にあるのではないかと思います。

宮崎　第十一条が和文と英文とでは内容が違うことは有名で、これまでは「誤訳」だったと説明されてきましたね。

渡辺　そうです。では実際に読み比べてみましょう。まず和文はこうです。

両國政府に於て無據儀有之候時は模様に寄り合衆國官吏の者下田に差置候儀も可有之尤約定調印より十八箇月後に無之候ては不及其儀候事（両国の政府が必要と認めたときにかぎって、アメリカ領事の下田駐在を認める）

次に英文です。

4分の1モデル機関車を囲む幕府役人

There shall be appointed, by the government of the United States, or agents to reside in Simoda, at any time after the expiration of 18 months from the date of the signing of this treaty; provided that either of the two governments deem such arrangement necessary.（どちらか一方の政府が必要とすれば十八カ月たったら下田に領事を派遣できる）

つまり、和文では「両国の政府が必要と認めたときに」となっているのに、英文では「どちらか一方の政府」と書いてあって明らかに違う。

宮崎　日米和親条約はその第二条で下田と函館の二港を開港しています。したがって、第十一条を素直に受け取れば「開国」ではなく「開港」レベルでしょう。開国したと解釈しているのは英文であり、アメリカのみにすぎない。現代であればこうしたことを防ぐために、異なる言語の訳文に齟齬《そご》があることも想定し、正文とする言語をあらかじめ決めておくのですがね。

渡辺　一般には、幕府の英語力の未熟だった時代のこととされ、翻訳にミスがあっても致し方なかったと解釈されています。たとえば、大隈重信《おおくましげのぶ》も『開国大勢史』（一九一三年）のなかでそのように記しています。しかし、私は、これは日米両国の交渉担当者に密約があったのではないかと推理しております。つまり、「意図的な誤訳」だった。実際、日米の二つの異なる条文が、それぞれに都合よく独り歩きしていきました。

阿部正弘にとっても、和文第十一条は好都合だった。前述したように日本国内では開国の機運は全然熟していなかったからです。アメリカ漂流民の扱いは従来の方針を若干ゆるやかにしただけです。結局、正弘が譲歩したのは、下田、函館二港の開港だけと言ってよいでしょう。この条件であれば、正弘得意のコンセンサス形成術で十分に国内世論をまとめられる。

一方のペリーにとっては、英文第十一条は開国以外の何ものでもありません。十八カ月は、ワシントンでの条約批准や領事任命の手続きに、もともと必要な時間です。領事をすぐに派遣することは不可能です。

私がこのように「意図的な誤訳」だったと推理する根拠は二つあります。今の視点から見れば、英文を直接和文に翻訳したと考えがちですが、当時は英文をまず蘭文（オランダ語）に、それを今度は漢文にし、最後に和文にしています。

ではこちらも確認してみましょう。

蘭文第十一条（翻訳蘭文和解：オランダ語から和文にしたもの）

下田在留のコンシユル（Consul）交易總務 或ハアケント（Agent）萬事を統轄する官は、兩國政府之内一方より貴官を設けんと要する時至らハ、合衆國政府にて其人を擧へし、但、此條約ニ名字を手記して事を定る後十八ケ月之前ハ、これを命することなし

漢文第十一条

兩國政府均有不得已之事情、或應置合衆國總領于下田、但置總領之事、應以鈐印

すなわち、「兩國政府之内一方より貴官を設けんと要する時至らハ」とする蘭文に対し、漢文は「両国政府均しく已むを得ざるの事情有れば」としています。つまり漢文と和文の条文は両国政府の同意を条件としているのに対し、蘭文と英文は片方の政府の意向で領事の下田駐在を可能としているのです。

ということは、蘭文から漢文に翻訳するときに誤訳があったことが推察されるわけです。しかし、幕府全権林復斎《はやしふくさい》は江戸朱子学の頂点に立ち、漢文に精通した学者です。復斎が漢文から和文への変換を誤ることはありえません。一方、日本側でオランダ語の内容を伝えているのは長崎通詞《つうじ》であり、蘭語の能力がきわめて高かった。そのうえ、ペリー艦隊にもオランダ語と漢語の通訳がいました。

注意すべきは、「either」という単語を使用していることです。これは「どちらか一方」と訳すべき単語なのに、「両方」と解釈したからだと一般に理解されていますが、私はそうではないと思っています。誤訳しやすいこの単語を入れた理由があると思っています。

もう一つの理由は、日露和親条約です。この条約は日米和親条約が結ばれたほぼ一年後に下田で結ばれています（一八五五年二月七日）が、英文和文ともにじつにわかりやすい素直な条文になっています。こちらの条約では領事の派遣をどう決めているでしょうか。

第六条和文
「若し止む事を得さる事ある時は魯西亞政府より箱館下田の内一港に官吏を差置へし」

第六条英文

「The Russian Government will, when it finds it indispensable, appoint a consul to one of the two first mentioned ports.」

どちらもすっきりした単純な表現で、幕府はロシアの領事派遣を了承しています。ですから幕府が最初に開国を認めたのはアメリカではなく、ロシアだと主張する歴史家もいるくらいです。プチャーチン提督は当初、長崎で交渉していたため、ペリーの後塵《こうじん》を拝するはめになりました。日米和親条約第十一条の英文も、この第六条のように表現できたはずなのです。

私はトリッキーな単語eitherを滑り込ませ、英文誤訳説が生まれる伏線が意図的に仕掛けられていたのではなかろうかと考えています。

阿部正弘はペリーの背後に、武力行使してでも開国させろという対日強硬派の意見のあることを知っていました。またペリーにしても、開国に強く反対する徳川斉昭らの勢力があることを林大学頭《はやしだいがくのかみ》（復斎）を通じて知っていたでしょう。ペリーは正弘を脅かす攘夷過激派の存在を十分に理解していたはずです。したがって、最終的な条文は、それぞれが内に抱える強硬派を納得させる内容でなくてはなりません。日本開国はペリーの絶対条件。国内秩序維持は正弘の絶対条件。この折り合いをつけたのが、第十一条ではなかったかと私は考えています。幕閣は翻訳ミスの存在をあらかじめ承知していたのではなかろうかと思うのです。もっともたとえそうであっても、そのことはけっして認めようとはしないでしょうけれど。

日本開国の本当の日

宮崎　日米和親条約に基づき、タウンゼント・ハリスを乗せた蒸気戦艦が下田にやってきたのは、一八五六年八月二十一日ですね。日米和親条約が結ばれたのは一八五四年の三月三十一日ですから、十八カ月後なら五五年の十月頃になりますね。

渡辺　アメリカの商人のなかには、条文などを読まずに、すでに開国したのだと早とちりして、日本にやってくる者たちがいました。ペリー提督が日本を離れてからわずか半月後に小柴沖（今の横須賀沖）に米国船がやってきましたが、下田奉行に条約の内容を聞かされて追い返されています。その後も同様なことがおこっています。追い返された商人たちは米政府に抗議しました。

ハリスは十八カ月を大幅に過ぎて現われています。幕府は日本文による条約を盾にいったんは拒否しましたが二週間の協議のあと、受け入れを決断しました。そしてようやく玉泉寺の庭に星条旗が掲げられたのです。これにより「第十一条問題」は解決を見るのです。この日がアメリカへの本当の意味での日本開国となったわけです。

第二章　英国自由貿易帝国主義と日米の戦い

ハリスが日本で評判の悪い理由

宮崎　第一章ではペリー来航前夜から日米和親条約締結までを論じてきましたが、本章ではハリスと日米修好通商条約について議論をしたいと思います。

初代日本領事として赴任したタウンゼント・ハリスについてですが、日本での評判はあまりよろしくない。二つ理由があると思います。

一つ目は、彼には口八丁手八丁のようないやらしさを感じさせる交渉スタイルがあったことです。渡辺さんが指摘されたことですが、アメリカ海軍全海軍力の四分の一を使ってのペリー提督の精力的な開国交渉に比べ、日本に来ても外圧の後ろ盾となる軍事力を与えられなかった「孤独」なハリスの通商交渉との落差と言ってよいでしょう。これはハリス個人の問題というよりは、アメリカ本国の問題と言ったほうがいいのでしょうけれど、その評価がハリス一身に負わされてきた観があります。

結局アメリカとしてはシーレーンが開通して利権を押さえられれば、当面はそれでよかった。通商交渉としては清に比べ日本は市場の規模が小さくて、あまり魅力がなかったということなのでしょう。

渡辺 アメリカがハリスに軍事力を与えなかったのは、シーレーンとしての日本の役割が早すぎたからです。アーロン・パーマーの構想に素直に従えば、大陸横断鉄道で東西を結んだのちに、サンフランシスコを東洋との出入口にし、その後に日本を開国させて安全なシーレーンを確保し、清国との商売という順番となります。それが彼の「太平洋ハイウェイ構想」でした。

しかしこの構想は現実には次のように進みます。

大陸電信網開通（ウェスタンユニオン社）一八六一年
太平洋航路開通（サンフランシスコ―横浜―上海―香港：パシフィックメール蒸気船会社）
　一八六七年
大陸横断鉄道開通　一八六九年

本来日本開国より先に完成していなければならない、大陸横断鉄道が開通するのは一八六九年と遅れていました。ハリスが日本にやってきてから十三年後のことです。ですからペリーの開国交渉も本来であればそれほど急ぐ必要はなかったのでしょう。それでもペリーが交渉を急いだのは、イギリスとフランスへの対抗もあったと思います。アメリカも先進国の一員としての外交の成功例が欲しかったという事情もあるでしょう。

いずれにせよ、ハリスに軍事力が与えられていなかったのも、日本との通商交渉をアメリカが急いでいなかったことの証左です。そのために、日本開国の意味がぼやけた時期が確かにあります。そうしたこともあって、日本人の歴史学者にいつまでも開国の理由が「捕鯨だ」と言わせている面があります。

金流出が幕府瓦解を早めた

宮崎　もう一つは、日本からの金流出にハリスが関わっていた問題です。

この時代は金銀比価が国際相場一対一五だったのに対して、日本では一対五程度にまで三倍ほど銀高となっていました。つまり、当時の日本は江戸が金本位制、関西はどちらかといえば銀本位制でしたから、銀の価格が異様に高い。開港したことによって外国商人は、日本に質の悪いメキシコ銀などの洋銀を持ち込み、金貨に替えて海外へ持ち去り、再び洋銀に替えれば約三倍の銀貨を得ることができ、多額の利益を上げられました。その流出量は、半年間で一〇万両とも五〇万両とも言われています（『「両」制度の崩壊』「幕末の金流出」武田晴人《たけだはるひと》）。

このため徳川幕府が慌てて金貨の銀貨に対する価値を、約三倍に引き上げることにより、金貨流出は収束に向かいました。すると、今度は、日米間の貨幣交換比率を巡って両者で激しい駆け引きが展開されました。日本側は米側貨幣を分析して、為替市場の公定価格に基づき、公定銀目では双方同程度のものであるとして、米ドル銀貨一枚＝一分銀一枚とすることを主張した。これに対してハリスは、双方の銀貨を量目で判断し一分銀は米ドル銀貨の三分の一程度の量目でしかないとして、米ドル銀貨一枚＝一分銀三枚で譲らない。当時の日本では金貨がメインで銀貨は補助通貨だったので、量は少なかった。そのため、量目で比較されると米ドル銀貨は約三倍の価格になってしまったのです。日本側の意見のほうに理がありましたが、ハリスに押し切られてしまいました。

「商人たちは、帝国の金貨を買うために一分銀をほしがった。かれらは、購入した金貨を船で中国に送ることによって、小判の価格が高くなかったときでさえも、もっとも低く見積もって一〇割の利益をあげることができ、二カ月のうちに元金を二倍に増やすことができた。なるほど、これでは彼らが一種の狂乱状態におちいったのも無理はない。通商だなんておこがましい。これに比べたならば、外国の製品と日本の産物を売買して得られる利益なんて、みじめなものだ。いつ相場が下落するかわからないような危険をともなう茶とか絹に、一体だれが見向きするだろうか」（ラザフォード・オールコック、山口光朔訳『大君の都：幕末日本滞在記』一九六二、岩波書店）とイギリス領事のオールコックは記録しています。オールコックは老獪《ろうかい》な外交官でしたから、アメリカの無茶な遣り方に憤りを感じていたのでしょうね。

渡辺　オールコックについてはのちほど詳しく論じたいと思います。確かにその事実は否定できないのですが、ハリスの日本での業績を正当に評価するうえでは小さな問題だと思います。ちょっと目が眩《くら》んだと（笑）。ニューヨークに帰ったハリスが豪邸に住んだとかいうような話があればまた別なんですが。ただ小説家が面白おかしく書く話題ではないかと思います。

宮崎　もちろん、金を買いあさったのはハリス一人ではありません。しかし、金の流出を止めるために、二〇％にも上るインフレになり、結果的に幕藩体制の通貨制度は崩壊に向かうことになったのも、また事実です。作家の佐藤雅美《さとうまさよし》さんの『大君の通貨』などは、その説ですね。とどのつまり、この失態が徳川政権の瓦解《がかい》を早めてしまった。

「孤独な外交官」だったハリス

渡辺　ハリスは教育畑の人間で、ニューヨーク市の教育委員会の長（一八四六～四七）を務めていました。貧困家庭のために「フリーアカデミー」（現ニューヨーク市立大学）の設立に貢献し、自らフランス語、イタリア語、スペイン語を教えています。もともと彼は教育者なんですが、一八四七年に母親が亡くなると、何か思うところがあって、支那に行き、寧波《ねいは》で貿易業に携わります。そのときに、ペリー提督に依る日本開国交渉の成功のニュースを聞きます。以来ハリスは日本に行きたいと考えるようになります。

ハリスは熱心な民主党員で、当時民主党員で国務長官だったウィリアム・マーシーとは古くからの友人でした。彼の後押しもあって、日本の初代総領事に就任します。

宮崎 ハリスは外交官としてはほとんど素人なわけですね。そういう点からもアメリカが通商交渉に本腰を入れていない実態もうかがえます。

タウンゼント・ハリス
(1804—1878)

渡辺 ハリスの書き残したものを読んでみると、彼が非常にまじめな倫理的な人間だったことがわかります。アメリカ政府の気の抜けた対応とは対照的に、軍事力を与えられていない彼は、独力で粘り強い交渉を重ねます。ハリスを下田に留めておこうとする下田奉行を相手に、江戸の将軍との会見を執拗《しつよう》に要求しました。そして下田就任から十六カ月後の一八五七年十二月七日に、将軍家定との謁見を実現させるのです。これを軍事力の後ろ盾なしでやったのです。

ハリスはヨーロッパが武力で清を開国させ、麻薬であるアヘンによって暴利を得ていることを説明します。このように西洋世界の外交常識とその実態を懇切丁寧に講義したのです。そしてその西欧列強は早晩日本にやってくる。アメリカと通商条約を結んでおけば、アメリカが彼らとの緩衝役となり、日本の保護にあたれると熱心に説きました。幸い当時の日本の知識人はアヘン戦争の実態をよく知っていましたから、ハリスの話を受け入れる素地はあったわけです。

それでも軍事力のない交渉は辛かったようです。ハリスのもとには本省からもほとんど指示が届いておりません。彼が「世界でいちばん孤独な外交官である」とこぼしていたのは前に述べました。そしてとうとう、一八五八年七月二十九日、ポーハタン号上で日米修好通商条約が調印されるのです。下田赴任から約二年と三カ月。

宮崎　ハリス邸の家事手伝いをしていた唐人お吉《きち》の悲しい物語もありました。

イギリスから守ろうとした日米修好通商条約

渡辺　これは日本ではほとんど言われていませんが、日米修好通商条約の条文を見るとハリスのまじめさ、アメリカの立ち位置がわかるものがあります。それは第二条です。

「日本國と欧羅巴中の或る國との間に差障《さしさわり》起る時は日本政府の嘱に應じ、合衆國の大統領和親の媒《なかだち》と爲りて扱ふへし」

ヨーロッパ列強の日本への帝国主義的介入を見事に牽制《けんせい》していることがわかります。特にイギリスが植民地に対して強制していた通商政策を念頭においていることがわかります。また第十四条ではアヘン輸入の禁止を取り決めています。言うまでもなくこれは第一にイギリスを牽制したものですが、本国のアヘン商人に対しても自制を促しているのです。日本の教科書ではイギリスのアヘン密売しか取り上げていませんが、その陰に隠れてアメリカのアヘン商人たちもいたのです。のちにアメリカ大統領になるフランクリン・ルーズベルトの母方の家系であるデラノ家もそうです。

もう一点、注目すべき日本への善意の約定があります。ハリスは日米修好通商条約と併せ、「貿易章程」を定めています。この第七則で関税率を定めているのですが、まさにハリスが日本のために用意してあげたと言っていい内容です。

まずハリスは税率を四つに分類しています。

第一類である衣服・家財などは無税、第二類の漁具、石炭、鳥獣類などは五％、第三類の蒸留酒、醸造酒その他のアルコール類は三五％、第四類がその他一般を二〇％と定めています。

第四類の一般の二〇％というのが、ハリスが考えた当時の独立国が当然に徴収すべきだと考えていた関税率を示しています。ちなみに当時の本国アメリカでさえ関税率は平均で一七％でした。つまりハリスは日本にはアメリカよりも有利な二〇%の税率を一般品に認めていたことになります。

それだけでなく第三類である酒類に対する三五%の関税がより象徴的です。このときアメリカはまだ酒類を輸出しておらず、したがって三五%という高関税は、イギリスのウィスキーやジン、フランスのブランデー、ワインを想定したものです。このように、ハリスはこの貿易交渉の過程で明らかにイギリスとフランスを牽制していることがわかります。

宮崎　なるほど、商人だからこそできる発想なんでしょうね。ウィスキーとワインの仕分けなんて、当時の日本では馴染《なじ》まないアルコールだったから多くの歴史家はスルーしちゃった(笑)。

イギリスが目指す「自由貿易帝国主義」という世界覇権

渡辺　関税の意義について理解するためには、当時のイギリスの貿易政策に注意を向ける必要があります。いち早く産業革命をなしとげたイギリスは、「世界の工場」として君臨していました。そのイギリスのとった貿易政策が、いわゆる「自由貿易帝国主義」です。
このイギリスの貿易政策の理論的支柱となった経済学者がデヴィッド・リカードです。リカードは「比較優位説」を唱え、世界がイギリスの工場に原料を供給し、イギリスの工業製品を輸入するやり方になれば、先進国も工業後進国もどちらも有利になると説いています。そして、そのためには、国は関税などをかけて物流を阻害してはならないと言いました。

この説は一八一七年に発表されており、いち早く工業化をなしとげたイギリスにとってはきわめて有利な経済学でした。要するに世界各国はイギリスに原材料を供給せよ、ということです。低コストで輸入した原材料でもって工業製品に加工し、それを諸外国は低関税による安い価格で買えばいい。それにより世界全体が豊かになるのだという理論です。この考えにはフランスも同調しています。一八六〇年にはゴブデン・シュヴァリエ条約を結び、英仏両国はその通商政策を「自由貿易」におくと定めています。しかし、自由貿易の実態は後進国にとってはきわめて都合が悪い政策です。

宮崎　自由貿易帝国主義ですか、今でいうＴＰＰ賛成か、反対かにつながる。

「保護貿易主義」を説くアメリカ学派ヘンリー・カレイ

渡辺　そうした英仏主導の「自由貿易帝国主義」の潮流のなかにあって、アメリカで台頭してきた経済学が「アメリカ学派」です。先述したとおり、十九世紀のアメリカはまだ農業国であり後進国だったため、工業国イギリスに原材料を供給する側にありました。要するにイギリスの支配体制下にあった。それに対抗したのが「保護貿易主義」を唱えるアメリカ学派だったのです。

今の日本では知る人はほとんどいないでしょうけど、アメリカ学派の代表的な学者にヘンリー・カレイがいます。明治時代には彼の著作は保護貿易主義の経済学者によって翻訳され、よく読まれていました。「農業、工業、そして商業の調和」という作品を一八五一年に発表して、新興国における関税政策の重要性を説いています。

このアメリカ学派の考えを日本でいち早く吸収したのが当時大蔵小輔（次官級）であった伊《い》藤博文《とうひろぶみ》です。

「保護貿易」を主張した学者としてはドイツのフリードリッヒ・リストが有名ですが、彼がアメリカで暮らしていたときに、カレイからアメリカ型貿易思想を吸収していたのです。

ヘンリー・カレイに代表されるアメリカ学派の主張は次の三点に集約できます。

一、高関税政策

二、（工業立国のための）交通インフラストラクチャーの整備

三、（工業立国のための）国法銀行の設置による金融システムの整備（信用創造）

カレイは当時世界を席巻していた、イギリスのアダム・スミスやリカードの考えに基づく自由貿易理論を真っ向から否定します。

宮崎　今の日本の大学の経済学部でも、こういう歴史的経過をちゃんと教えなければいけない。

渡辺　アダム・スミスやリカードが主張する論理では、自由貿易により先進国も工業後進国も

どちらも有利になると説いています。しかし、カレイは、リカードの論理のなかに、イギリスの欺瞞《ぎまん》と邪悪な意志のあることを見破っています。他国の工業化を抑えつけ、イギリスの原料供給国のままに押し込めておきたいという思惑です。

　このリカードの論理は、アダム・スミスの「すべての国はイギリスと交易し工業製品を仕入れるべきであり、自国内で工業を新興する政策をとってはならない」という主張と一致します。カレイは彼らの胡散臭《うさんくさ》さに気づいたのです。

宮崎　カレイ理論、今の日本では誰も顧みませんね。

渡辺　明治期には保護貿易か自由貿易かの激しい議論が交わされていました。犬養毅《いぬかいつよし》は保護貿易論者でしたが、彼はカレイの著作を翻訳し、「圭氏経済学」（一八九一年、博文堂）として日本に紹介しています。この本は岡山にある犬養木堂《もくどう》記念館にも展示されています。

ヘンリー・カレイ
（1793―1879）

　ここで再びハリスが定めた日米の貿易章程に戻りたいと思います。

　当時の自由貿易帝国主義国家が他国に求める関税率が五％でした。他国を工業化させず、なおかつ略奪だと他国から文句を言われない、バランスのとれた関税率が五%だとされていました。そういう自由貿易主義からすると、日本の二〇%という関税率はいかにも高すぎる。カレイの保護貿易主義の影響があることは明らかです。

ハリスはアメリカ学派の影響を受けた関税政策を日本に導入しましたが、当時は、当のアメリカにおいても自由貿易論者と保護貿易主義者の間でまだ論争が続いていた時期でした。一八五〇年代のアメリカでの関税率はおよそ一七%。ハリスは、日本に保護関税政策をとらせ、それを資金として産業を振興させようとしていたのです。残念ながらこのメッセージを幕府が理解していたとは思えませんが、少なくとも貿易章程を見れば、そのようなハリスのメッセージを読むことができるわけです。

宮崎　教科書的な説明だと、日米修好通商条約というのは、関税自主権のない不平等条約であると教えられていますが、必ずしもそうでないということですね。

渡辺　保護貿易が正しいと信じるハリスは、自由貿易を強制するイギリスの防波堤を条約のなかに仕込んでくれていた、と言えます。

英国外交官・オールコックvs.ハリス

渡辺　ハリスが日米修好通商条約の締結に成功すると、続いてオランダ、イギリス、フランス、ロシアと同じような条約を日本は結びます（安政五カ国条約）。

宮崎　これに猛反発したのが、大の西洋人嫌いの孝明《こうめい》天皇でした。孝明天皇は、安政五カ国条約は五つの野蛮な国と結んだ〝五蛮条約〟だと蔑《さげす》みました。攘夷《じょうい》を叫ぶ孝明天皇と、開港を求める外国に幕府は挟まれ四苦八苦します。

渡辺　そうです、幕府のそうした状況を利用するのが冒頭で宮崎さんが紹介した英国公使のラザフォード・オールコックです。彼は英国外務省に所属するバリバリの〝キャリア外交官〟です。日本に来る以前は清国での勤務も長く、福州領事、上海領事を歴任しています。要するに彼は自由貿易帝国主義を推進するイギリス外交の先兵として日本に現われた。

日英修好通商条約が結ばれたのは一八五八年の八月二十八日です。この条約に基づいて品川沖にやってきたのは、一八五九年の六月二十六日のことです。オールコックは高輪《たかなわ》の東禅寺を宿舎としました。一方のハリスも日米修好通商条約が締結されたことにより、初代駐日公使となり、下田の領事館を閉鎖して、一八五九年七月七日麻布《あざぶ》の善福寺に公使館をおいています。

宮崎　麻布の善福寺って今でも名刹《めいさつ》です。福沢諭吉《ふくざわゆきち》の墓所でもある。

渡辺　当然オールコックはハリスの「防波堤」を見抜いています。まず第二条が気に入らない、それから高関税です。オールコックからすればハリスは素人外交官も同然。そういう素人外交官にしてやられたわけです。オールコックとハリスは仲が悪かったのですがそれも当然です。

この劣勢をオールコックは挽回《ばんかい》しようとしました。

まずターゲットにしたのは第二条でした。これを崩すためには、幕府にアメリカよりもイギリスのほうが頼りになることを植え付ければいい。そう企んでいたオールコックに絶好のチャンスがおとずれます。一八六一年三月十四日に起きたポサドニック号事件です。

宮崎　ロシア軍艦ポサドニック号が船体修理を理由に、対馬《つしま》に碇泊《ていはく》し付近を測量して、芋崎に永住施設を建設して居座りました。対馬藩の抗議にも艦長のビリリョフは芋崎付近の租借権を強請します。また、藩民との紛争も絶えませんでした。結局、半年くらい占拠していました。ロシアの心づもりでは、対馬を領有する野心があった。

渡辺　幕府にはロシアの蒸気船に対抗できる軍事力はありません。長崎奉行・岡部長常《おかべながつね》が、江戸からは外国奉行の小栗忠順《おぐりただまさ》が収拾に向かいますが、一向にうまくいきません。老中安藤信正《あんどうのぶまさ》は、日米修好通商条約第二条の周旋条項に基づき、ハリスに相談します。と同時に、イギリスのオールコックにも、相談しています。

ここでオールコックは、アメリカを出し抜くチャンスをえたのです。このときオールコックに幸いしたのは偶然にも、イギリス東洋艦隊が江戸に入っておりました。オールコックはすぐにでも軍事力を手配することができたわけです。

オールコックと英国海軍中将ジェームズ・ホープは幕府に、イギリス艦隊の圧力によるロシア軍艦退去を提案し、追い払うことに成功しています。イギリスは力を誇示しかつ恩を幕府に売りつけることができました。

しかし、これには裏がありました。じつはあの対馬占拠というのは、サンクトペテルブルクの指令ではなく、ポサドニック号の艦長であるビリリョフによる現場判断でした。なぜ占拠したかというと、イギリス外交官が「英国は対馬を占領すべきである」という趣旨のことを言っており実際そのことを書いた本も出版されています。英国が対馬を狙《ねら》っているという情報は北京にいたロシアの外交官が嗅《か》ぎ付けていました。その情報がポサドニック号に入り、本国の外務省の指示をまたずに、イギリスの先を越そうと現場判断で出た行動だったのです。

これは大隈重信が『開国大勢史』に書いていますが、オールコックが送った軍艦の交渉のときに、サンクトペテルブルクからは、イギリスと戦争する気はないので帰ってこい、という命令がすでに出ていたのです。しかし、そんなことは知る由もない日本はイギリスにいたく感謝します。結果的に日米修好通商条約の第二条の周旋条項はオールコックの狙いどおりになし崩しになりました。これ以降、日本はこの条項を積極的に使おうとした形跡がありません。

宮崎　イギリスはそのあたりは非常にしたたかですね。インテリジェンス、諜報《ちょうほう》の世界では抜きん出ています。今でもジョン・ル・カレとか、イアン・フレミングとか、世界的ベストセラーのスパイ小説王国でもあります。

渡辺　これはあくまで結果論なんですが、イギリス軍艦より先にポサドニック号が来て対馬を占領してくれたのは、日本にとっては幸運だったかもしれません。そうでなければ、イギリスに対馬をとられていた可能性があります。イギリスもロシアを排除しに行った手前、そのまま占拠したら外交上、非常にまずいし、日本との関係も悪くなります。ですから、ポサドニック号のお陰で、対馬の独立が保たれたという解釈も成り立ちます。

宮崎　その対馬、今では韓国の資本がドッと入ってきています。

イギリスに奪われた関税

渡辺　次にオールコックは関税率の改正を狙います。その矢先に、先ほど宮崎さんがおっしゃっていた安政五カ国条約が絡んできます。

この条約により兵庫開港は一八六三年一月一日と決まっていましたが、兵庫（現神戸）は都《みやこ》に近すぎると西洋人嫌いの孝明天皇は拒絶します。幕府は条約と孝明天皇の間に挟まれ窮地に立たされていたのです。くわえて、孝明天皇の極端な西洋人嫌いが国内の過激な攘夷派によるテロを誘発しました。

幕府はそれをなだめるために、兵庫の開港を中止するか遅らせるかの対応を迫られ、ハリスに相談します。ハリスはそうした日本の国内情勢をよく知っており、延期もしくは中止に同意する。そして、ハリスは他の国の公使らに接触し、延期交渉することも引き受けております。ハリスはまず犬猿の仲のオールコックの説得を試みます。ところが、オールコックの態度は非常に冷たく、延期を認めようとしません。

当時は今のように通信が発達していなかったため、外交官には非常に幅広い裁量権が与えられておりました。ですから、開港時期の延期程度の案件であれば出先の領事の判断で対応することができた。ところがオールコックは、フランス公使のベルクールと相談して、わざわざ徳川幕府に使節を出させ、本国の政府と直接交渉するように提案します。しかし、そうした諸外国の外交官の権限など、外交に初心《うぶ》だった幕府の官僚にわかるはずもなかったのです。幕府はオールコックの提案にのり、使節派遣に同意します。

宮崎　文久《ぶんきゅう》遣欧使節ですね。日本からは総勢三八名が行くことになり、そのなかには当時下級役人だった福沢諭吉もおりました。

渡辺　オールコックは面倒見の良さを見せ、英国海軍の蒸気フリゲート艦・オーディン号を用意し、少なくとも運賃だけは負担すると申し出ました。

使節を乗せたオーディン号が品川港を出港したのは、一八六二年一月二十一日午前四時です。使節はインド洋を抜けスエズから上陸し、鉄道でアレキサンドリアに入ります。さらにマルセイユ、パリを経由してロンドンに入っています。

宮崎　山口昌子《やまぐちしょうこ》さんの『パリの福沢諭吉』（中央公論新社）を読みますと、そのルートでの出来事がよくわかるし、意外にも途中でマルタに寄港し、英国に直接訪問するかあるいはフランス経由にするかで論争があったとか。

渡辺　両国の開港延期の交渉が始まったのが一八六二年五月十六日、交渉が妥結したのが同年六月六日でした。それがロンドン覚書です。十月には他国とも合意に至っています（パリ覚書）。二つの覚書が、自由貿易帝国主義の二大国家（英国とフランス）の首都で結ばれたことが何を象徴しているかは歴然としています。

これにより兵庫、新潟、江戸、大坂の開港・開市を五年延期することができました。ロンドン覚書の調印をしたのは英外相のジョン・ラッセルですが、交渉実務を担当したのは、このためにわざわざ一時帰国したオールコックでした。オールコックの魂胆がわかろうというものです。

これにより幕府がもっとも願っていた兵庫開港の延期が叶《かな》ったわけです。もちろん交換条件がありました。それが関税率の引き下げでした。

オールコックが、兵庫開港延期を容認する交換条件に、関税率を一律五％に引き下げることを要求したのは、ハリスの作り上げた関税障壁の防波堤を崩したかったからです。ロンドンではこの要求に部分的に屈し、最終的にはこの四年後に全面的に屈服しました（一八六六年六月二十五日、江戸協約)。ここから日本市場は英仏の自由貿易帝国主義の傘のなかに囲いこまれるわけです。

ハリスの高関税政策を幕府は理解できなかったと私が先ほど述べたのはこうした経緯があったからです。

宮崎 幕府からすれば、条約と孝明天皇との板挟みが解消されてさぞかしほっとしたことでしょう。おそらくまだ開港したばかりで近代国家黎明期《れいめい》における日本が、関税収入の重要性を理解するのは難しかったでしょう。

渡辺 イギリスは兵庫開港を五年遅らせることの見返りに、関税率を引き下げることに成功したのです。ハリスは当然にイギリスの策謀に気づいておりましたが、どうすることもできませんでした。この頃は彼は心労がたたったのか体調も崩していました。

宮崎 おりしも本国アメリカでは、南北戦争に突入し対日外交どころではなかった、という深刻な国内事情もあった。

渡辺 かくして日本は頼るべき国を、アメリカからイギリスに変えて行ったのです。ハリスは失意のなかで本国に帰国を願い出て許されております。

ハリスが日本を去ったのは一八六二年の六月のことです。この時点ではまだロンドンでの交渉の状況はわかっていませんが、ハリスにはオールコックが仕掛けた罠《わな》に日本がむざむざとはまっていくことが見えていたはずです。それだけに口惜しい帰国に違いなかったでしょう。

彼の書き残したものを読みますと、日本の将来を非常に案じています。イギリスとのバーターによって、ハリスが日本に導入したアメリカン・システムの三つの条件の一つが崩れることになりました。それを補うため、明治政府は税収を地租に求めざるをえなくなります。

地租の導入（一八七三年）は、明治期の国のありようを決める大きな事件でした。一八七一年は廃藩置県のあった年ですが、その頃の関税収入は国家収入のわずか七％しかありませんでした。一方、当時のアメリカの関税収入は非常に大きく、内国税収入を上回る年が何年かあるほどでした。

幕末期におけるハリスとオールコックの外交戦争は、これはいってみれば、関税政策をめぐる米英の攻防です。ハリスが帰国したアメリカは南北戦争の真っ最中でしたが、南北戦争の本質も、関税政策をめぐる米英の争いです。奴隷解放の戦争と思われていますが、そうではありません。イギリスの自由貿易帝国主義に抵抗するリンカーン政権の戦いでした。

宮崎　これもまた従来的な歴史解釈がくつがえります。では次に南北戦争を分析しましょう。

奴隷解放の戦いではなかった南北戦争

宮崎　日本では南北戦争の目的は奴隷解放だと多くの人たちが信じています。

渡辺　それを否定するのは簡単です。南部諸州が連邦離脱を始めたのは、リンカーンが一八六〇年の大統領選に勝利した直後だからです。リンカーン政権の発足は翌年の三月からですが、その前から、南部諸州は連邦から抜けることを決めていました。その時点ではリンカーンはまだ奴隷解放を主張しておらず、そもそも彼は奴隷制度の変更には慎重な立場で、この問題は時間をかけて解決するとしていたのです。それどころか、リンカーン自らが、黒人を差別していた。黒人は白人より優れているとは考えないと、はっきり言っていたのです。

それにもかかわらず、南部諸州は連邦離脱を決めたのです。つまり、奴隷制度問題は南北分裂の根本原因ではなかったのです。

宮崎　奴隷解放だというのは完全に間違いだと思います。あとから拵《こしら》えたこじつけでしょう。有名なリンカーンの「人民による、人民のための、人民の政府」。あれをゲティスバーグで演説したときは猛暑日で、誰も聞いてなかったといいます。

渡辺　奴隷解放宣言が一八六二年、ゲティスバーグ演説が翌六三年ですからね。一八六〇年の選挙戦のときにそう演説しているのであれば、あるいは「奴隷解放」と言っているのであれば、その評価はまた違ってくるのでしょうが。

これは普通に考えればわかることだと思うのですが、南北戦争というのは、だいたい七〇万人もの人々が死んでいます。当時、アメリカの人口はおよそ三〇〇〇万でした。今の人口比率でいえば全人口は三億人なので、七〇〇万人死んだ計算になる。それも働き盛りの男たちがです。それだけのいのちが奴隷解放のために失われたのであれば、それ以降の歴史は奴隷も黒人差別もなくなる方向へ向かっているはずです。

しかし、現実はそうではありません。たとえば一九六八年のメキシコオリンピックのときに、象徴的なことが起こりました。二〇〇メートルのゴールドメダリスト、トミー・スミスが抗議の意味で、国歌が演奏されると表彰式で下を向きながら片手を上げて抗議の意思を示しました。綿々と黒人差別が続いていたのです。

南北戦争の目的が奴隷解放ではなかったというのは明らかだと思うのですがね。

宮崎　日本の近代史で最大の内戦は戊辰《ぼしん》戦争と西南《せいなん》の役《えき》ですが、両方あわせても死者は二万人から三万人の間です。当時の日米の人口がほぼ同じだったことからすれば、彼我の差は歴然としていますね。

南北戦争の本質は米英戦争

渡辺　それではなぜ南部諸州は独立しようとしたのか。それはリンカーン政権になれば、その経済アドバイザーの顔ぶれから、高関税政策の保護貿易主義にシフトすることがわかっていたからです。

リンカーン政権時のアメリカは後進国であり、農業国であることは前に述べました。綿花はアメリカの最大の輸出品で、「キングコットン」と呼ばれていた。そして、その綿花の生産は黒人奴隷の労働力に頼っていた。つまり、南部諸州というのは、イギリスの自由貿易経済システムの重要な歯車として、完全に組み込まれ、安価な木綿の供給基地になっていたのです。

メキシコオリンピック200M走表彰台での抗議

宮崎　南北の境界にしても、ワシントンDCのすぐ南のヴァージニア州からが南部で、文化もヒトの性格も、いまだに東北部のアメリカ人とは違いますね。ヴァージニア以南はタバコも飲めますし。

渡辺　南部の綿花プランテーションのオーナーは、イギリスの自由貿易帝国主義体制のなかで、十分すぎるほどの利益を享受していました。それを守るために、南部諸州は独立しようとしたのです。したがって、一八六二年のリンカーン政権における奴隷解放宣言は、イギリスの自由貿易帝国主義の歯車と化していた南部の農業システムへの挑戦であり、イギリスへの挑戦でした。けっして黒人への憐憫《れんびん》の情から行われたものではありません。

もし保護貿易になれば、今度はイギリス側が綿花へ高関税をかけるかもしれず、綿花生産に必要なイギリス製農業機械も、関税のために価格が上がる、綿花の供給を他国に求めるかもしれないと怖れた南部諸州にとってアメリカの工業化などじつはどうでもよかったのです。

私が南北戦争というのは米英戦争だというのはそういう意味においてです。

宮崎　今のことはアメリカの歴史書には書いてないのでしょう?

渡辺　一般の教科書には書かれていませんが、史実に忠実であろうとする歴史家、つまり歴史修正主義の歴史家は、このことをはっきりと指摘しています。南北戦争が関税戦争だったということに気づいている日本の政治家や知識人はきわめて少数です。

宮崎　奴隷解放だと、まだ頭のなかで思っているんですよ。

奴隷解放宣言の目的は英仏への牽制

渡辺　リンカーン政権は国家分裂を食い止めようと交渉を繰り返しました。その南部連合との難しい交渉を担当したのが、ウィリアム・スワードです。彼は南部諸州の政策を操っている黒幕がイギリスであることに気づいていました。

宮崎　スワードは日本にも多大な関心を抱いていましたね。彼はリンカーンと共和党大統領候補選を争い惜敗しましたが、リンカーン政権では国務長官に指名され外交を任されました。

渡辺　スワードは一時期、内戦を回避するためにイギリスとの戦争まで覚悟しています。外敵を作って国内の結束を高めるという手法です。それを止めたのはリンカーン大統領でした。外交によって、イギリスの南北戦争への介入を徹底的に封じ込めること。そして内戦に勝利し、南部諸州の連邦離脱を阻止すること。それがリンカーン政権の方針となりました。

リンカーンが奴隷解放を言い出したのも、英仏両国内に強くある奴隷制度を批判する世論を刺激しようとしてのことです。この作戦は成功し、英仏政府は金縛り状態におちいりました。奴隷制度を維持する南部連合を積極的に支援することができなくなったのです。

さらにスワードはロシアと友好関係を深めることにより、英仏両国の軍事行動を牽制することに成功しています。アレキサンドル二世はロシア艦隊をニューヨークとサンフランシスコに派遣（一八六三年）し、万一英仏が軍事介入するようなことがあれば、ロシアはリンカーン政権を支援するという強い意志を示したのです。これにより英仏は何も手出しができなくなった。スワードは外交交渉だけで英仏の軍事力を抑えこんだのです。アメリカはロシアからアラスカを購入（一八六七年）しますが、これもスワードが進めた親ロシア政策の副産物でした。

この当時の米ロの蜜月関係を日本人はほとんど知りません。ここに諷刺画《ふうし》がありますが、リンカーンとアレキサンドル二世が仲睦《なかむつ》まじく手を握っています。もちろん二人が実際に会ったわけではありませんが。

武器商人暗躍の実態

宮崎　お話をうかがって二つ質問があります。一つは南北戦争の結果、余剰武器は相当日本に入っていますか?

渡辺　入っていると思います。箱館戦争のときにもともとは徳川幕府が買ったものを官軍が召し上げて函館の五稜郭《ごりょうかく》の攻撃に使っている軍艦(東艦、旧ストーンウォール号)があります。あれももともと南軍が仕入れたやつを北軍が接収して、訪米していた小野友五郎《おのともごろう》が選定したのです。確かに銃を含めて武器は日本に流されていたと思いますよ。

宮崎　ついでに武器の話をしますと、明治維新の一つの側面的要素として、フランス、イギリス、それから遅れてやってきたドイツの武器商人が背後にいる。つまりダークサイドがあります。長州・薩摩に加勢したのがイギリス。徳川幕府にはフランスが入り、落ち目の、賊軍になった会津にはドイツがやってきて、盛んに支援したわけです。奥羽越《おううえつ》列藩同盟や榎本《えのもと》艦隊の巻き返しがあったら、これはドイツの利権になると。

そういう裏面史のなかでアメリカがほとんど絡んでこない。榎本武揚《たけあき》が函館まで持って行った軍艦は、もちろん徳川が買い付けたやつだから徳川の財産というのが頭にあるわけでしょう。新政府にとっては、もう政権は交代しているのだから、あいつらは盗んだという解釈になりますけれど。しかし徳川艦隊の引き渡しは西郷隆盛《さいごうたかもり》と海舟《かいしゅう》の江戸城無血開城の条件だった。

そういうところが非常に日本の歴史でネグレクトされていますよね。ほかの新興国というのはみんな背後に宗主国との連携とか裏切りにおける戦いでもあります。

渡辺 武器売買の話、少なくとも明治維新に関わる武器に関する話は、いわゆる〝武器商人〟の個々の独立の動きであって、金儲け程度の話にすぎません。したがって、国家同士の関税政策や自由貿易の推進といった大きな潮流とは、別の動きであると私は見ています。

宮崎 なるほど。列強の中央政府は関与していなく、武器商人が勝手に動いていたと。

渡辺 そうですね。たとえば函館攻撃に使われた東艦《あずまかん》の話にしても、当時のアメリカ公使が私腹を肥《こ》やそうと、知り合いの商人を中にかませて幕府に高値で買わそうとした経緯もありますが、これも個人プレイでした。政府中枢が武器商人とつるんで、日本に工作をしかけたというような文献は、私は見てないです。小説家としては面白いネタであっても、歴史家としては武器商人の行動と国家の政策はリンクしているようには思えません。

宮崎 武器商人に関して、少し横道に脱線すれば、坂本龍馬《さかもとりょうま》というのは結局グラバーのエージ

米国ロシアの蜜月を示す諷刺画：手を握るリンカーン大統領とアレキサンドル二世

エントです。武器をあちらこちら売り歩いて、それであの亀山社中《かめやましゃちゅう》が成り立っていた。龍馬は、よくあそこまでグラバーに食い込めたなと思うこともありますが、背後に無名のスポンサーがいたことも事実ですね。

渡辺　それは、龍馬というよりもイギリスという国がすごいのだと思います。イギリスの国策とは、自由貿易帝国主義というシステムのなかに他国をいかに取り込むかにあり、それを徹底的に実践している。インドも清も全部、自由貿易帝国主義のなかに入れ込み、イギリスの工業製品を売りつけて、最終的には貨幣発行権までとる、というのが彼らの目的です。その目的を達成するために、イギリスにとって都合のいい人脈による政府を作る。これがイギリスの国策です。グラバーといえばジャーディン・マセソンみたいなものでしょ。ジャーディン・マセソンは、清ではアヘン以外にも交通関係の船会社を作ったりと手広くやっていますが、日本ではそれがグラバーと龍馬の関係になるんじゃないかなと思うんですよね。

宮崎　使い走り《パシリ》としての龍馬ですか。

イギリスを警戒した伊藤博文の慧眼

渡辺　例の長州ファイブの話もそうですが、基本的にはイギリスにいいように使われていたわけです。それに気がついたのが拙著『日米衝突の根源：1858―1908』（草思社）でも書いた伊藤博文です。彼は信頼していたイギリス人に裏切られたことがあったのです。

幕末期に新橋―横浜間の鉄道敷設の権利は、当初徳川幕府によってアメリカに付与されていました（一八六七年）。それを覆したのがイギリスのハリー・パークス公使です。やり手の外交官であるパークスは、明治政府に、建設資金調達にとイギリス人であるホレーシオ・レイを紹介します。ところが、この男は金融詐欺師で、以前にも清国の海関《かいかん》（港口に置かれた税関）の長を務めていましたが、不正が発覚し解雇されています。

レイは明治政府に、ロンドンで調達した投資資金を持っていると説明しました。しかしそれは真っ赤な嘘《うそ》で、彼は、明治政府と契約を結んだ後に、資金調達に動いた。起債の条件の一つが日本の関税収入を担保に充てることでした。またロンドンで起債した公債（日本帝国政府英貨一〇〇万ポンド海関税公債）の利率は年九分、日本政府との契約では一割二分であり、レイは三分の利ザヤを抜こうとしていたのです。

国際金融に初心《うぶ》な明治新政府を騙《だま》し、わずかな起債額にもかかわらず、関税収入を担保にとろうとしたイギリスの悪知恵でした。その工作を嗅ぎつけたのはアメリカです。デロング駐日公使は明治政府に注意を喚起しました。何度もいいますが、関税は国家財政の重要な財源です。イギリスは、関税収入を担保にしさえすれば、どんなプロジェクトにでも融資します。もちろん、その融資はイギリス系銀行が実行する。その典型的な成功例が支那市場です。低関税率を強制し支那の工業化を抑え込んだ。そのうえ、清国の関税部門（海関）のトップにはイギリス人（ロバート・ハート）を起用させた。融資や貨幣発行業務はイギリス系の香港上海銀行などが牛耳った。まさに支那市場はイギリス自由貿易帝国主義体制の完成形といってよかったのです。

デロング公使の忠告を受けて明治政府は急いで特使、上野景範《うえのかげのり》、前島密《まえじまひそか》をイギリスに派遣し、レイのロンドン市場での起債を中止させました。債券引き受けはロンドン・オリエンタル銀行に委ねたものの、関税収入を担保にする条件はかろうじて防ぎました。担保は運賃収入だけで済みました。
新橋―横浜間の鉄道が開通したのは一八七二年のことです。
この事件は、国家のシステム作りの根幹にイギリスという国を関与させることがいかに危険か、明治政府に気づかせました。だからこそこの時期の政府は、国作りの基本設計をアメリカに頼ったのです。伊藤が金融システムをアメリカに学ぼうとしたのは、このような事情があったからです。伊藤はホレーシオ・レイを信用していました。大隈重信とともにロンドンでの起債を推し進めたのも伊藤でした。それだけにイギリスに裏切られたという気持ちはひとしお強かったわけです。

宮崎　伊藤博文の扱いは、日本の歴史学会においては軽すぎます。木戸《きど》、西郷、大久保《おおくぼ》なきあとの明治新政府の続きは、彼なくしてはできなかった側面が強いと思います。

渡辺　歴史家のなかには伊藤博文の業績を評価しない（したくない）方々がいますが、やはりイギリスの狡猾《こうかつ》さに早い段階で気づいた政治家として立派だと思います。

宮崎　そもそも伊藤はイギリスに密航していますす。のちに日英同盟に反対するのは伊藤博文ですからね。

渡辺　やはり、イギリスのずるさに気づいたということは素晴らしい。というか日本の将来にすごく寄与したんじゃないかと、思います。

宮崎　伊藤博文を主人公にした小説の傑作は林房雄《はやしふさお》の『青年』です。三島由紀夫《みしまゆきお》が絶讃した作品でした。

渡辺　林房雄は「大東亜戦争肯定論」がよく知られていますが、明治期の激動を描いた作品があります。宮崎さんの挙げられた『青年』の他にも『文明開化』という作品もあって、夏目書房から出ています。あの時代の空気をよく表しています。今の若い世代にはぜひ読んでほしいですね。

イギリス金融界との戦い、グリーンバックスの発行

宮崎　もう一つの質問ですが、元ウクライナ大使の馬渕睦夫《まぶちむつお》さんなんかは貨幣発行権をとろうとして、リンカーンもジョン・F・ケネディも暗殺された、という説を展開されています。これはどの程度正確なんでしょう？　少なくともリンカーンの暗殺に関しては正しいと思われますか？

渡辺　リンカーンは南北戦争にさいし、いわゆるロスチャイルド系の銀行と喧嘩《けんか》しています。リンカーン政権の潜在的敵国はイギリスだということは前述しましたが、それは当時の国際金融をリードしていた、ロスチャイルドをはじめとするイギリス系銀行との対立が、不可避になることを意味していたんですね。

リンカーン政権は南北戦争の戦費を賄うために、イギリス系金融機関に頼りました。しかし、彼らは法外な利率を提示した。リンカーンは戦費調達のためには、新しい工夫を必要としました。そこで考えだされたのは、国家の信用だけを背景にして発行する、政府紙幣でした。貴金属に兌換《だかん》性のない紙幣を発行し、それをベースにした信用創造（貨幣創造）制度を作り上げたのです。その紙幣は裏面の印刷が緑色だったため「グリーンバックス」と呼ばれました。このようにリンカーンは、イギリスの金融資本に頼らない新しいタイプの紙幣を流通させたのです。ちなみに伊藤博文は、この国家の信用だけをベースにした貨幣創造のメカニズムを、アメリカ学派から学んでいます。

宮崎　つまり、政府紙幣ですよね。今のジョセフ・E・スティグリッツあたりが主張していますが、もともと日本で政府紙幣発行を言っていたのは丹羽春喜《にわはるき》さんです。

渡辺　ですから、そういう意味ではロスチャイルド、あるいはイギリスの金融資本家に対して怒らせる、そういう状況には確かにあったんです。

おそらくリンカーンが暗殺された背後には、イギリスがいたと私も思います。ただ、その理由が通貨発行権というのはハリスの金銀の交換比率で儲けたという話と同じように、かなり重要な脇役ではあるのですが本筋ではないでしょう。イギリスの逆鱗《げきりん》にふれたのは、やはり自由貿易を否定する大統領が出たことによるのでしょう。アメリカが将来、イギリスに対抗する強い国になるのではないのか、という危惧《きぐ》と反発です。イギリス外交はパナマ運河建設プロジェクトにおいて共同開発以外は認めなかったのを、譲歩してアメリカ単独でいいとしたヘイ・ポンスフォート条約（一九〇一年）を機に、米国との妥協外交に入っていきます。それまではアメリカを徹底的に仮想敵国として見ていたわけで、そのデッドラインは関税政策なのです。

そういう意味では確かに貨幣発行権の話は、かなり重要ではあるけれど、相対的に見れば、イギリスの恐怖は、中央集権国家を作り上げて、保護貿易政策をとる大統領への危機感にあったのだと思います。アメリカが英国を凌駕《りょうが》する国になることへの恐怖です。

ＦＲＢ（連邦準備制度理事会）ができたのは一九一三年ですから、貨幣発行権の問題は、まだアメリカでは大きな話にはなっていない。アンドリュー・ジャクソン大統領がやったように、それまでは銀行が各自で銀行券を発行して、それぞれの銀行の信用度に応じて、あるいは信用度を維持するために、準備率を調整していました。だからアメリカ国内には複数の銀行券が流通していました。信用度の低いところは準備率が五割なければなりませんでした。当時の銀行はだいたいどこも二五％は持っていた。

宮崎　企業でいう自己資本比率のことですね。

渡辺　そうですね。今でいえば準備率という言い方でいいと思うんですけど、預金者から兌換を求められたときに、保有している貴金属の量をしっかりした銀行は五割、普通でも二五％は持っていた時代ですから。

宮崎　その代わり利子は高かったでしょうね。

渡辺　そうでしょうね。フィアットマネー（不換紙幣）とはまだ違う時代なので、確かに五割しか持っていないのに、残りの五〇％はフィアットマネーですが、馬渕さんがおっしゃるような、いわゆる発行権の旨味の本格化というのは、もう少し先の時代にならないとありません。今でいえば八％でしょう。そうすれば一〇倍ぐらい何もないところから価値を生み出す信用創造ができる。そうした発行権の旨味というのはアメリカではまだ先のことだと思います。

宮崎　さっきアンドリュー・ジャクソンの話が出たので、ついでですが、トランプは、この第七代大統領のことが好きで、オバマが倉庫にしまわせていたジャクソンの肖像画を大統領執務室に掲げさせました。

渡辺　アンドリュー・ジャクソン大統領は今二〇ドル紙幣の肖像画に使われています。ジャクソンの評価には二つの側面があります。一つは今テーマにしているフィアットマネーを使った信用創造に抑制的であったというプラスの評価、もう一つは、南部諸州との条約（契約）に基づいて共存の道を歩んでいたインディアン部族をミシシッピ川以西へ強制移住（涙の道事件、一八三八年）させたマイナスの評価です。トランプ大統領が評価しているのは前者の部分でしょう。ジャクソン大統領は中央銀行を断固として作らせなかった大統領でした。トランプは

ＦＲＢの野放図な信用創造への警戒感を持っています。しかしアンドリュー・ジャクソンを評価することは後者のインディアン迫害のマイナスの側面があるので注意が必要です。アンチトランプの狂信的リベラル勢力がトランプ攻撃の材料にしかねないですから。

南北戦争、西南戦争、普仏戦争は同時現象

宮崎　渡辺さんは南北戦争が日本の西南戦争と類似しているとおっしゃっていますね。

渡辺　それは中央集権体制の問題です。南北戦争は、州権を抑えて、中央集権をはかろうという戦いでもありました。アメリカ一三州の独立の思想というのは、トマス・ジェファーソンが信奉しているように、違う一三の国が、とりあえず合衆国（合州国）を作る。そのうえで、それぞれの州は各州法によって統治し、よそからの強制はうけない。という思想が強かったのですが、リンカーン政権では、そのウエイトを州から連邦政府の権限にシフトさせようとしたわけです。もちろん、この問題は時間がかかっており、いまだにアメリカでは州権と中央集権のせめぎ合いが続いていますが、南北戦争というのは、連邦政府の力を強くするという思想を、政権が初めて示したものだったのです。

一方の、西南戦争というのも、中央政府である明治政府が、旧来の幕藩体制をどうやって中央集権体制に移行するか、という問題がありました。大村益次郎《おおむらますじろう》の改革のように、諸藩の廃止、

廃刀令の実施、徴兵令の制定、鎮台の設置、兵学校設置により職業軍人を育成するそのことにより、新たに日本軍として体制を整えていく、という方向性を決定づけた戦争だと私は思っています。

ただ関税政策については、前述のように、イギリスのオールコックの策謀によって二〇%あったものが、一律五%に下げられてしまったわけですが。

宮崎 ヘーゲルが言ったように「終わってみればすべてがわかる」という意味では渡辺さんの指摘されたとおりかもしれない。しかし、西南戦争は日本精神の回復を求めた西郷軍と、西洋化を急ぐあまり日本固有の文化を軽視した新政府との闘いでもあった。

渡辺 これは私の読者から指摘されたことですが、南北戦争との類似といえば、一八七〇年の普仏戦争も、やはり関税をめぐる戦いでした。普仏戦争は、プロシアを中心としてドイツという国家ができ上がっていく過程に起きたわけですが、そのときにドイツの関税政策の主柱となったのが、前述のフリードリッヒ・リストです。彼はアメリカ学派ヘンリー・カレイに師事していました。したがって、この三つの戦争は世界史的には同一の中央集権国家誕生の一過程という現象だということは指摘しておいていいと思います。

保護主義と自由貿易の境界はあいまい

宮崎　普仏戦争で争ったドイツとフランスの両国は今日ではべったり仲よくなって、かと思えばイギリスが離れて、政治なんていうものは付かず離れず、昨日の敵は今日の友で……。

渡辺　京都大学名誉教授の中西輝政《なかにしてるまさ》先生が、イギリスは、ナポレオン戦争よりも前から、大陸の外交にちょっかいを出しては混乱をまき散らしてきた国だったのが、今度のブレグジットで、それとは逆方向に舵《かじ》を切ったのではないか、したがって今後ヨーロッパが安定する可能性がある、とおっしゃっていました。私も『戦争を始めるのは誰か』（文春新書）に同様のことを書いていています。たとえばイギリスのポーランドの独立保障によって第二次世界大戦に入っていったように、イギリスの大陸に干渉する外交政策が常にヨーロッパ大陸に揉めごとを起こしてきたわけです。ですから、脱欧州というブレグジットが、ヨーロッパの安定要因になるという分析は、歴史的に見れば十分に合理性のある推論です。

宮崎　その視点は非常に衝撃的なことも含んでいるのですが、もともとイギリスはユーロには入らなかった。通貨は主権の問題である、と。しかし、ＥＵは利用価値があるから入ったわけでしょう。

私はこの間、イギリスを回ってみて驚いたのですが、産業革命を興した国だから大工業国家と思い込んでいたら、あそこはやっぱり農業国ですね。

渡辺　イギリスは本当に美しい農業国ですよね。ロンドンから車で出て行くと、春には丘全体が菜の花でいっぱいになってまるで絨毯《じゅうたん》のようですね。

宮崎　日本よりも田舎風景はきれいな場所があるし、また、牧畜業もすごく盛んですよね。つまり、どういうことかというと、ブレグジットとはイギリスの農業を守るためには、もうEUに入っている意味が薄れたのかなと。そういう気がしました。ただ残念なことに、ブレグジット直後からイギリスポンドが下落しています。イギリスがこれまで持っていたもう一つの大きな価値は通貨が強いということだったのに。あれは過大評価の通貨ですよ。

渡辺　英ポンドが実力どおりの評価になれば、輸出競争力が戻ります。英国には多くの日本の自動車工場がありますが日本のメーカーはブレグジットをあまり心配していないのではないでしょうか。

関税政策についてこれまで話してきたわけですが、「自由貿易」と「保護貿易」政策とはいいますが、これらの定義は実際問題として非常に難しいのです。たとえば自由貿易といっても、いたるところに隠れた障壁があるわけです。しがたって、いわゆる非関税障壁（関税以外で貿易を制限する）まで入れたら、自由貿易なんて今どこにもありません。

ですから私は、国内世論を納得させるためには、基本的には保護貿易政策を主張しつつ激しい交渉を通して自由貿易論者との落としどころを探る、というのが政治的にはベターな手法ではないかと思います。

なぜ、そのほうがいいかというと、結果的に同じ落としどころになるのであれば、やはり国内産業を守るという旗幟《きし》を鮮明にしたほうが、国内コンセンサスがスムーズになります。絶対に国内産業を守るという立場を表明したうえで、落としどころを詰めていったほうがいいと思うんです。どちらから進んでいこうが落としどころは同じなのですから。

宮崎 まさにトランプのやり方ですね。

渡辺 三月下旬にトランプの演説がありました。そのときに彼はリンカーン政権のやり方を踏襲するといっている。その意味は何かというと、アメリカはかつて工業が未発達な国だった。当時は工業が本当になかったのだけど、今は自由貿易政策によって、アメリカから製造業が消えた。工業がないという点では現代は一八六〇年と同じである。したがってリンカーン政権がとった関税政策を自分も行うというわけです。

リンカーン政権は南北戦争が始まると、一七%だった関税率をすぐに四七%まで引き上げます。アメリカは保護貿易により南北戦争以降およそ半世紀にわたって年平均二%で成長してきたのです。ずっと保護貿易でした。

アメリカの「鉄鋼王」アンドリュー・カーネギーが、もう保護貿易はいらないというのが一九〇〇年代に入ってからのことです。アメリカは四五%から三五%へと、南北戦争後はだんだんと下がってはきますが、保護貿易で大工業国に成長した歴史を持っている。

宮崎　保護貿易でなければ自国産業の育成なんかできませんからね。

現実の裏表を見ずにドグマと化したメディア

宮崎　日本の新聞報道、マスコミの浅はかさはいまだに愚かさの限りというか、一見救いようのないところがあるんじゃないですか。

渡辺　マスコミのレベルは低いですね。

宮崎　低いといって済む問題でもないんですがね。はじめから勘違いしている。それから情報操作。自分たちだけが正しいと思い込んでいます。

渡辺　自由貿易絶対善でNHKから民放も一辺倒ですから。「自由貿易」とはいったい何ぞや、という疑問すらいだいていない。私はカナダに住んでいるからわかるのですが、たとえばスズキだとかダイハツといった日本の自動車会社が、カナダで小型車を売ると決めたら市場を席巻しますよ。都会に住む人の多くはスズキとかダイハツの車がいいに決まっています。私自身本当に買いたいくらいです。向こうに住んでいてつくづく思います。

宮崎　GMは小型車を作れないから。

渡辺　作れませんね。ということは自由貿易と主張している日本の自動車業界も含めて、第二次産業にしても、現実にはきわめて強い自主規制をやっているわけです。だからＴＰＰのときも、もし私が農協のアドバイザーだったら、「わかりました、じゃあみなさんも自主規制をやめてくださいね」と言っていたでしょう。

　カリフォルニアに代表される排ガス規制にしても、あるいはガソリンリッター当たり走行距離延長義務にしても、あれは全部非関税障壁だと言えるわけです。

宮崎　フォルクスワーゲンが、環境規制でクリアしたなどと嘘の報告書を作るというスキャンダルに至るのもそこですからね。

渡辺　宮崎さんは反ＴＰＰ派ですけれども、ＴＰＰの本質というのは、非関税障壁に対してきちんと文句を言える規則を整備することだったんですよ。それが自由貿易推進派のロビイスト団体がいつのまにか侵入し、自由貿易一辺倒の交渉と見なされるようになってしまった。けっして自由貿易を求めるだけの協議ではなかった。この点はトランプも誤解していることです。そうではなく、非関税障壁を含めたアンフェアなプラクティスの是正による公正な貿易ルール作りが、ＴＰＰの主たる眼目だったはずです。この議論はじつはバイ（二国間交渉）ではほとんど意味をなさない。アメリカを含めたマルチ（多国間）交渉で、各国の非関税障壁を表に晒《さら》してみなで議論しなくてはならなかったのです。

ＴＰＰ議論はもう本質から離れてしまった。トランプ大統領が、ＴＰＰの本質に気づくかどうか。中国政府による様々な非関税障壁、国内産業優遇策の是正は、トランプ政権の厳しい対中政策とマッチする外交マターのはずで、ＴＰＰに中国が参加する場合には中国自ら是正しなくてはならなかった。ＴＰＰは単純な自由貿易交渉ではないことにトランプ大統領が気づくかどうかの可能性は五分五分と見ています。

宮崎　トランプ政権以降、ＴＰＰはアメリカ抜きの一一カ国でやろうというのが日本の思惑です。対して中国はＲＣＥＰで主導権を狙うという構図に変わりました。ＴＰＰ交渉もＲＣＥＰも、武力こそ伴わないけれど、条文をめぐる「言葉の戦争」ですよ。

戦争と平和というのが対立概念ではなく、平和というのは戦争と戦争の間の休憩時、あるいは平和というのは次の戦争への準備期間である——というのが地政学の本質であるように、同様にグローバリズムと反グローバリズムというのもじつは対立概念ではない。今、渡辺さんがおっしゃったようにどこかに接点がある。両方とも非常に似たような、陰と陽みたいなところがあるのです。

第三章　日本とアメリカが作った朝鮮開国

日本人が無関心な朝鮮半島との歴史

宮崎　日本の近代史の裏側にゼームスという謎の人物が登場します。このミステリアスな闇《やみ》の部分に、光を当てたいと思います。

昨今の北朝鮮問題、日韓関係もそうですが、日本史はいまだに朝鮮半島との攻防の歴史と言っていいくらいなのに、日本人の関心が薄い。白村江《はくすきのえ》の戦いしかり、秀吉《ひでよし》の朝鮮征伐しかり、日清・日露にしても朝鮮半島をめぐる戦争でした。

地政学的にいえば、半島は「ランドパワー」である中国とロシア、「シーパワー」である日本とアメリカの衝突の戦場だったと言っていいでしょう。「日本」のアイデンティティの形成にしても、中国大陸および朝鮮半島の文化との接触により、芽生え練磨されてきた面は否めないわけです。したがって、日本人にとって朝鮮半島は、歴史を知るうえでも、最新の国際情勢を読むうえでも、否応なく向き合わねばならない「隣国」です。その点、渡辺さんのお書きになった『朝鮮開国と日清戦争』（草思社）は朝鮮半島に関心ある読者はもちろんですが無関心な読者をも瞠目《どうもく》させる面白さがあります。「よく考えれば、明治維新期から一九一〇年の朝鮮併合までの歴史は不思議なことばかりである」というプロローグにまずそれが集約されています。渡辺さんは四つの謎を挙げられています。

第一に、西郷隆盛《さいごうたかもり》に代表される対朝鮮強硬派は軍を握っていた。木戸孝允《きどたかよし》や大久保利通《おおくぼとしみち》は西郷らの強硬論を抑え込んだ（一八七三、明六政変）が、それは命がけの作業だった。それにもかかわらずこの政変のわずか二年後には漢江《ハンガン》河口にある江華島《こうかとう》で朝鮮との軍事衝突が起こり（一八七五年、江華島事件）、その翌年には早くも日朝修好条規が結ばれるのである（一八七六年、朝鮮開国）。この作業をリードしたのは朝鮮に対する「穏健派」であったはずの木戸や大久保である。この落差は何かと疑義を提示しています。

第二に、日朝修好条規は第一条で「朝鮮独立」（自主の邦）を認めており、それを清国も了承していたはずなのに、なぜ日本は、あらためて朝鮮の独立を承認させるために、清国と戦う必要があったのだろうか（一八九四年、日清戦争）。

第三に、朝鮮を開国させたのは日本であり、それは日本開国時のアメリカの立場に、日本が位置していたことになる。なぜ西欧列強に先駆けて日本が朝鮮を開国させる役割を担うことになったのだろうか。

第四に、日本に続いてアメリカは朝鮮と米朝修好通商条約を結んでいる（一八八二年）。その第一条で、アメリカは「第三国が締約国の一方を抑圧的に扱う時、締約国の他方は、事態の通知をうけて、円満な解決のため周旋《しゅうせん》を行なう」（周旋条項）ことになっていた。のちに日本が日露戦争に勝利し、朝鮮半島を勢力圏にすることを認められると（ポーツマス条約）、日本は朝鮮王朝の外交権を剝奪《はくだつ》した（第二次日韓協約）。これは同王朝の二枚舌外交に日本が怒ったからですが、アメリカはこれに対して何の異議も挟んでいない。なぜアメリカは周旋を懇願する朝鮮王朝を「無視」し、朝鮮を「裏切った」のだろうか。

以上大きな謎を提示しています。そして、その謎を解く核心は「日朝関係は二国間外交ではとらえきれない」にかかっていた。これは前章とつながっている話なので、まずはそこから議論したいと思います。

二国間ではなく「多国間外交」を日本に教えたペシャイン・スミス

渡辺　外交は二国間ではなく、「多国間外交」で考えなければならないことを、木戸孝允や伊《い》藤博文《とうひろぶみ》に指導したのは、日本外務省顧問第一号となったエラスムス・ペシャイン・スミス（一八一四―八二年）です。ペシャイン・スミスはアメリカ学派の重鎮で、国際法の造詣《ぞうけい》も深く、アメリカ共和党政権とも深いつながりのある有力者です。リンカーン政権時代、国務長官だったウィリアム・スワードともきわめて近い関係にありました。日本の史書では彼の功績にほとんどふれておらず、大隈重信《おおくましげのぶ》の『開国大勢史』にも簡単な記述があるのみです。しかし、明治以降の日本外交の歴史を考えるうえで欠くことのできない重要な人物です。

木戸は岩倉《いわくら》使節団の一員としてアメリカやヨーロッパへ行く直前に、伊藤博文邸で、ペシャイン・スミスと会っています。そして彼と長い時間話し込んだことや、スミスからこれまでまったく知らなかった考え方を聞いたことを、日記に残しています。おそらくそれはアメリカ学派の歴史観や、対イギリス観を含んだ「アメリカン・システム」の考え方そのものだったに違いないと私は見ています。

木戸は朝鮮開国に関しては当初は反対ではなくむしろ積極派でした。せっかく維新を成し遂げたにもかかわらず藩意識は相変わらず強烈なまま残っていた。朝鮮開国交渉をすることで、藩意識むき出しで希薄になりかけていた国家意識を取り戻したいと考えていたからです。「中央集権主義的な国を作らないことには、西欧列強には勝てない」という危機感を強烈に持っていました。

宮崎　なるほどナショナリズムに収斂《しゅうれん》させて、事態の打開をはかろうとしたわけですね。

渡辺　その木戸がアメリカから帰国すると一転して西郷ら対朝鮮「強硬派」を封じるようになります。私は木戸がペシャイン・スミスの講義と現実のアメリカを視察して、自分の考えていた朝鮮開国構想がいかに小手先だけのものだったか痛感したからだと見ています。

いわゆる「征韓論」が出てくるのは、木戸らが外遊して開国交渉そのものが止まっている間に、「朝鮮の無礼」があったからです。しかし結局、外遊組の木戸、伊藤、岩倉あたりが中心となって日朝修好条規（一八七六年）を結ぶのですが、なぜこの三年前の時点で、死を覚悟してまで対朝鮮強硬派を排除できたのか。あわや明治政府そのものを危うくする分裂劇をどうして乗り越えることができたのか。それは自分たちの言っていることが絶対に正しいという強烈な自信があったからだと思います。アメリカの成功を現に目にしたことが彼らの信念を揺るぎないものにしていたのです。

エラスムス・ペシャイン・スミス
(1814—82年)
1871年から76年まで明治政府の経済政策・国際法の顧問を務めた

というのは、ちょうどその頃は、南北戦争を乗り切ったアメリカが中央集権体制でものすごく伸びる時期です。アメリカは南北戦争に介入したいイギリスとフランスを外交だけで牽制《けんせい》することに成功しました。彼らは、外交とは何かというのを、アメリカで学んだと思うのです。

当時のいわゆる「征韓論者」の主張は、朝鮮王朝の非礼を日本は黙っていていいのか、という問題意識から生まれてきている。換言すれば対朝鮮外交を二国間外交でとらえている。

宮崎　木戸は、西郷の短所は大局観に欠けること、しかし長所は誠意の人と評価していたことはあまねく知られています。木戸は遊び人でもありましたから政治行動に慎重すぎるところがあり、「逃げの木戸」とよくからかわれたものです。

渡辺　朝鮮を開国させる行為は、多国間外交だということを、木戸以下は、はっきりと学んで帰ってきた。だからその視点が欠如した「征韓論」には与《くみ》せなかった。

そういう視点から見ると一八七六年の日朝修好条規の交渉は非常に面白い。対ロシア、対アメリカ、対フランス、対清国交渉などを見事にやっているのです。

江華島事件に日本の植民地意識はない

宮崎　渡辺さんはご著書のなかで、まさに「外交は多国間」という視点で日朝だけでなく、アメリカ、イギリス、フランス、ロシアの動きを同時に追いかけています。この視点の複合的アプローチが今までのリベラルな歴史学者の書いてきたものとは一線を画しているわけです。この複座から近代を見ると、これまで解けなかった多くの近代史の謎が霧が晴れるように解けてゆく。

渡辺　日本のリベラルな歴史書の問題点は多国間という視点がなく、しかも日本が最初から朝鮮を植民地にしようとした、といういわゆる「自虐史観」でしか見ようとしないところです。

江華島事件（一八七五年に朝鮮半島の西沿岸で水路測量を行っていた日本艦『雲揚』の端艇が江華島付近で砲撃され応戦した事件）は朝鮮を植民地にすることを意図して砲艦外交を繰り広げた、という具合に。日露戦争後に外交権をとる話から一九一〇年の日韓併合まですべて日本の侵略という視点で歴史書を書いていますが、現実は全然違います。

朝鮮開国交渉をするには、朝鮮に対し宗主国の立場を崩さない清国、すでに朝鮮と交戦したフランスとアメリカ、そして東アジアに勢力圏の拡張を狙《ねら》うロシアの理解を得られなければ不可能でした。と同時に日本、清国、朝鮮を突き動かす思想が交渉をより複雑にした面にも注意を向けなければなりません。

あくまで日本と朝鮮に対し華夷《かい》秩序を押し付ける清国、夷狄《いてき》と日本を見下し満洲人が支配する清国をあなどり我こそは「小中華」を自認する朝鮮、頼山陽《らいさんよう》の『日本外史』に影響を受け華夷秩序から離れた独立国であるとする日本による、思想戦という面もあったのです。

日本の歴史学会で主流な「自虐史観」は、日本一国だけが悪であり世界に戦争を起こしたといった文脈で、歴史を語ります。日本に否定的な文献だけを拾い、日本の悪をことさら強調している。裏を返せば日本さえよければ、世界で戦争は起きないと言っているようなものですが、世界は日本一国だけで動いているのではない。こんなことは小学生にもわかる理屈でしょう。同様に大国だからといって自在に戦争を起こせるわけでもない。歴史を見れば小国が大国をまきこむかたちで世界大戦は起きている。ですからリベラル派の歴史家の書には資料的な価値は一部認めるけれども、歴史観という視点からすればあまりに頼りない。一面的で二国間の動きだけで歴史を書こうとしているのではないかと残念に思います。

宮崎　そもそも自虐史観というより大国が優位にあると日本人が考えるのは、秀吉《ひでよし》のバテレン信徒の追放、江戸中期の朱子学優勢、そして明治の文明開化という流れがあります。戦後もＧＨＱ体制の絶対視から日本を低く見る考え方が生まれ、それが自国の歴史を卑下しやすくなったからでしょう。

日本が朝鮮開国を主導できたいちばん大きな要素はアメリカが支援したからだと思いますが、それがわかるまでは非常に抑制的です。

渡辺　そうですね。井上馨《いのうえかおる》だとか、朝鮮開国に関わった人たちの残したものを見ると、それがよくわかります。朝鮮で日本の公使館が朝鮮人に襲われて、焼き払われて、当時公使だった花《はな》房義質《ぶさよしもと》などは殺されてもおかしくないほどの目にあっている。今でも韓国の反日は問題とされ、日本大使館前に慰安婦像を建てられていますが、少なくとも大使の命がとられるわけではない。

当時は本当に殺されかねなかったわけです。それでもなお、花房は朝鮮を見捨てず、少数精鋭の若者を選抜し、日本に留学させるよう勧めているのです。留学推奨は花房の個人プレイではなく、日本は国をあげて朝鮮の近代化を推奨したのです。海軍も陸軍も協力している。あの国を日本の植民地にするなんていう発想はどこにも出てこないんですよ。

宮崎　まったくない。江華島事件にしても朝鮮が仕掛けてきた軍事衝突です。

渡辺　ペリーの話に戻りますが、彼らがいちばん大事にしたのは、難破しないように正確な海図を作ることです。あの事件ももともとは海図を作るために測量していた日本の船を問答無用で、砲撃してきたわけです。日本側はそれに応戦したにすぎない。

江華島事件から植民地にする意図があったと歴史書に書くのであれば、もう少しまともな資料をベースにしないと、あまりにも事実とかけ離れてしまいます。当時の日本の外交はむしろ「軟弱」（宥和《ゆうわ》的）とさえ言えるものでした。

だれが「征韓論」を言い出したのか

宮崎　そもそも「征韓論」という用語からしておかしい。「征韓論」を西郷さんが唱えたと戦後の左翼歴史学はさかんに強調し、これが朝鮮侵略のテキストであるかのごとき風説、誤解を撒《ま》き散らしました。だいたい征韓論なんて用語をつけたのは誰なんですか、当時の歴史家でしょう。西郷さんは征韓論なんて一言も言ってないのですから。

渡辺　私もここでは便宜上「征韓論」を使用しましたが、あくまで「いわゆる」です。『朝鮮開国と日清戦争』でも「征韓論」という用語はあえて使用しませんでした。この用語を使用する歴史家は朝鮮侵略の意図を前提にしているからです。朝鮮の度重なる非礼に憤りながらも粘り強い外交交渉を続けてきたのが明治政府です。

宮崎　そうです。西郷さんは朝鮮の非礼を糺《ただ》すために、道義と礼節を説くために、単身朝鮮に乗り込もうとしただけです。当然ですがそれは死を覚悟してのことでした。

しかし新政府としては、もし西郷が朝鮮で殺されれば、日本は報復戦に出撃せざるをえなくなり、財政もよちよち歩きの段階で、それは自殺行為になるから隠忍自重せよと、木戸、大久保は参議で論争した。これが明治六年政変の直接のきっかけとなって西郷、桐野《きりの》（利秋《としあき》）、江《え》藤《とう》（新平《しんぺい》）らがこぞって下野し、新政府は岩倉、木戸、大久保らで守ることとなった。

ですから岩倉、木戸、大久保たちは西郷ら強硬論と異なり、朝鮮との関係改善にきわめて慎重だった。つまり征韓論とはイメージの一人歩きにすぎず、そういう暴論は最初から存在しなかったのです。

東アジアにおける列強勢力図

宮崎　ここで、朝鮮開国前の列強の勢力図とそれに至る経緯を確認しましょう。イギリスの力がまだ圧倒的に強くて、フランスと領土獲得争いをしていた。ところが、フランスのカソリック宣教師が朝鮮で九人殺される事件（一八六六年）があっても、考えられないことにフランスは朝鮮に報復しなかった。これが一つ大きな転換点ですね。

渡辺　確かにイギリスとフランスは、その一〇年前の清国には容赦しませんでした。イギリス船籍のアロー号に対する清国の臨検で、イギリス国旗を降ろして侮辱したと激しく抗議して、英仏アロー号戦争（一八五六年）を起こしています。この戦いはフランスが英国に加勢した第二次アヘン戦争となり、最終的には円明園《えんめいえん》を焼き払うまでに拡大した（一八六〇年）。円明園は言ってみれば清国のホワイトハウスだった。皇帝の執務の場所でありながら、宝物館であり、植物園であり、野鳥園でもあった。皇帝は屈辱の涙を流します。以来、清はフランスを極度に恐れます。円明園の破壊はフランス軍が先だった。そしてにわかに朝鮮の扱いに苦慮し始めるのです。

宮崎　その北京の円明園ですが、今でも破壊されたままの残骸《ざんがい》を展示しています。あれを見ていますと、中国共産党が攘夷《じょうい》的なナショナリズムを煽《あお》るプロパガンダの舞台装置として利用していることがわかります。

渡辺　朝鮮にとって幸いだったのは、そのときフランスにはイギリスにおけるインドのように、ベトナムがありました。また、フランスにとっては支那も自由貿易帝国主義の大事なマーケットでした。要するに朝鮮までは手が回らなかった。そのうえメキシコでのフランスの傀儡《かいらい》政権が倒れそうになるのを支えねばならない状況でした。隣国ドイツの脅威も目の前にあった。

また、朝鮮半島自体に魅力を感じなかったということもあります。当時のカソリック宣教師たちは、支那も汚いけれど、朝鮮はそれ以上だと嘆いています。フランスの朝鮮への報復はいわば形だけの生ぬるいものでしたが、一方で、清に対しては激しく抗議しています。フランス駐北京公使は「フランスは朝鮮をキリスト教国家に変え保護国にすることもできる、必要なら併合までできる」と恫喝《どうかつ》しています。

宮崎　つまり英仏両国は植民地事情でそれぞれに手が回らない状況があった。アメリカも南北戦争を終えたばかりで余裕はなかった。それからもう一つ列強で忘れてはならないのはロシアです。

渡辺　このとき、あまりロシアの動きは目立っていません。というのも、朝鮮王朝の大院君《たいいんくん》がフランス人の宣教師の朝鮮潜入と布教をしばらく黙認していたのは、ロシアを警戒してのことでした。ロシアとの有事の場合、フランスを利用しようとしていた。それが一八六六年三月になって突如弾圧に出たのは、その時点でロシアの脅威が後退したからです。
それから横浜で起きたマリア・ルス号事件（一八七二年）でも第三国として仲裁に入ったロシアは日本に対して公平な裁定を下しています。これを見てもロシアと日本は良好な関係を保っていたことがわかります。

宮崎 ペルー船籍マリア・ルス号が支那人苦力《クーリー》の「奴隷」運搬船であることが判明し、日本政府が支那人苦力を解放した事件ですね。この日本の法的措置に対し抗議したペルー政府との間で裁判が起こった。これは日本が国際法を扱った最初の事件で、見事勝利を収めました。また裁判長を請け負った神奈川県権令大江卓《おおえたく》など当時の日本人も優秀だった。

渡辺 じつはこの事件でも日本が頼りにしたのは、ペシャイン・スミスと同時期に日本政府顧問となっていた米人法律顧問のG・S・ヒルでした。ロシアを仲裁国にと推薦したのも彼らです。この頃は米露関係は良好であり、ロシアのアレキサンドル二世が奴隷制を嫌悪していることを知っていたからです。そのことは彼が農奴解放令を一八六一年に出していることからも明らかです。一八六一年という年号に注意してください。南北戦争が始まった年です。第二章での議論と関連していることがわかるでしょう。米人顧問らは、おそらくワシントン国務省のコネクションを使って、ロシアに働きかけもさせていたでしょう。

宮崎 ということは、ロシアは当時の状況判断からいっても日本に対する野心、朝鮮半島に対する野心が膨らんでゆくのは、それ以降のことですね。あの時代のロシアはロマノフ王朝でかつ典型的な啓蒙《けいもう》君主のアレキサンドル二世ですから、ロマノフ王朝はきらびやかな文化を誇《ほこ》り、けっこう貴族的で、動作にも気品があり、ゆるやかなところがあります。

渡辺　ロシアの影響力が強まるのは、一八八五年の天津条約《てんしんじょうやく》（甲申事変《こうしんじへん》によって朝鮮へ出兵した日本と清が朝鮮での勢力均衡のため天津で結んだ条約）を結んだ後のあたりです。これにより、朝鮮での日本の影響力が排除されると、朝鮮はロシア本国に密使を送り密約を結びました。形ばかりの朝鮮軍と朝鮮の警察をロシアの指揮下に置き、朝鮮はポート・ラザレフ（元山津）をロシアに貸与する、というのがその内容です。つまり、朝鮮半島をロシアの保護下に置くというものです。

すなわち、朝鮮はロシアを使って、清国と日本に対する抑制均衡《チェック&バランス》を図ろうとしたわけです。日本のように自国の近代化を急ぎ、自主防衛を図るという積極的意志はなく、外国勢力を「操ろう」というご都合主義です。

宮崎　まるで今の北朝鮮を見るようですね。アメリカからの圧力を中国とロシアを天秤《てんびん》にかけて巧妙にいなしている。米中が接近すると見るやプーチンがすかさず手を伸ばす。金正恩《キムジョンウン》は歴史の繰り返しをやっている、という感じですね。

朝鮮半島は周辺の大国を戦争に巻き込むからやっかいです。拙著近刊の『金正恩の核ミサイル』（育鵬社）には、その特徴もかなり書き込みました。

多国間外交で李鴻章をやり込めた森有礼

宮崎　話を戻すと、日本が朝鮮開国をするための最後の交渉相手が、朝鮮の宗主国を自認する清国だということですね。

渡辺　その点、森有礼《もりありのり》が李鴻章《りこうしょう》と非常にいい交渉をしました（一八七六年）。「多国間外交」の見本と言っていいでしょう。

日朝修好条規の第一条は、「朝鮮を独立国として認める」となっていますが、なぜ李鴻章はこれを認めたのか。森は、江華島事件の処理を国際法のロジックを用いて李鴻章をやり込めました。

朝鮮は、江華島事件を起こしたときに、日本に補償をしなければいけなかった。朝鮮が一方的に悪いのはわかっていますからね。日本の歴史書は、「江華島事件というのは日本の砲艦外交の結果だ」と簡単に書いてありますが、当時の世界の標準からいけば、明らかに朝鮮に非があった。朝鮮に責任があるというのは、日本が言っているだけでなく、フランスも、イギリスも、アメリカもそう認識をしていました。その朝鮮は、清国にとって最高の朝貢国であったわけです。森有礼は、その朝貢国を属国だと清国が主張するとどういうことになりますか、というロジックで李鴻章に迫ったわけです。
この頃李鴻章はもう一つ大事な案件を抱えていた。先述した朝鮮の大院君（国王・高宗《こうそう》の父）がフランスのカソリック宣教師を虐殺した事件（一八六六年）です。一万人以上の信者も殺している。烈火の如く憤ったフランスから猛烈な抗議を受けた。補償を求めてくる可能性がまだ残っていた。いつこの問題をぶりかえされるかわからない状況でした。これに対して李鴻章はどうしたらいいか頭を悩ませていたわけです。
そのときたまたま日本が開国交渉に来て、朝鮮は独立国だという。李鴻章はおそらくこう考えたでしょう。とりあえず朝鮮を、日本の外交を利用して独立させようと。独立したことにしようと。

宮崎　それで賠償からも逃れられると、そういう打算ですね。

渡辺　そうです。実質は、彼らはその後もずっと朝貢を続けていますから、絶対に清から心理的には逃げられないけれども、国際条約の観点からいけば、いったん独立国だという条約を結ばせて、それでフランスのカソリック宣教師虐殺に対する責任から逃れる。アメリカの艦隊も朝鮮から砲撃を受けているのですが、清国はその責任からも逃れられる。とりあえず朝鮮は名目上、国際法上は独立国である、ということにすれば大きなメリットがあります。そこに大事な歴史の見方があると思うのです。だからこそ、「朝鮮は（条約上は）独立国であるが（実質は）

独立国ではない」という清国（李鴻章）独特のロジックが生まれる。独立国にさせた以上もう過去の朝鮮の蛮行に清国が責任を取らされることはない。李鴻章は朝鮮の海関（清朝が海港に設けた税関）、それから金融などを押さえ借款案件も積極的に行った。清国による属国化を安心して進めたのです。

属国化を進めていって、漢《かん》の武帝《ぶてい》が朝鮮半島に開設した四郡の一つの「楽浪郡《らくろうぐん》」のような直轄地にしようと目論んだわけです。私はそれを「李鴻章による朝鮮の〈楽浪郡化〉」と表現しています。

宮崎　新鮮な視点ですね。

日本を追いつめ、やりすぎた清国

渡辺　だから、清国は朝鮮の楽浪郡化をうまく完成させて、それだけで満足しておけばよかったのです。イギリスもそこまでなら清国の外交をバックアップしたのです。ところが清国はやりすぎた。「長崎水兵暴行事件」（一八八六年）です。

宮崎　清国北洋艦隊の水兵が長崎の丸山遊郭《ゆうかく》で遊んでいて騒動を起こしたのをきっかけにした事件ですね。清の水兵や唐人町の支那人と長崎住民との大規模な衝突に発展し、日本側は巡査二名が殉職し、二九名が負傷しました。清は四名が死亡し、負傷者は四六名でした。

渡辺　この事件が日本国中に義憤の嵐を巻き起こしたのは、日清修好条規（一八七一年）で規定されていた領事裁判権の問題があったからです。「本件の応に審理し及び懲罰処分すべきや否は倶《とも》に両国の司法官庁に於いて自国の法律に照らし各自に斟酌《しんしゃく》処弁し、相互に干与《かんよ》せざる可し」とすることで、一方的に暴れまわった清国の水兵を、日本の法律で裁くことができませんでした。被害者に対しては救恤金《きゅうじゅつきん》（義捐金《ぎえんきん》）を出すことで合意せざるをえませんでした。清が一万一五〇〇円、日本が五万二五〇〇円。死亡した巡査や負傷者へ日本国中から民間の義捐金が殺到しました。日清修好条規というのは風変わりな条約で、互いが領事裁判権を認め合っていたのです。

当時の日本の国家目標はヨーロッパとの不平等条約の撤廃です。しかし、そうするためには並行して日清修好条規の領事裁判権を外さなければなりません。これが残っているかぎり、たとえ欧州各国との条約改正が成立しても、最恵国待遇（締約国の一方が他方に対し、通商・関税・航海などの事項についてもっとも有利な待遇を与えている第三国よりも不利でない待遇を与えること）により、好条件である日清修好条規が適用されるため、事実上無意味になる恐れがあるからです。ところがなぜか李鴻章は改定に応じようとはしませんでした。これが日清における大きな火種となっていました。このことを指摘する日本の史書はほとんどありません。

くわえて、日本海軍の最大級戦艦の二倍の大型艦二隻を擁《よう》する北洋艦隊は、何度もウラジオストクと朝鮮海峡、黄海《こうかい》、あるいは旅順《りょじゅん》、威海衛《いかいえい》で、演習をやっている。それも朝鮮王朝の要請だということでやっていたわけです。

イギリスとしては、朝鮮の安定を清国を通じて実現したいと考えた。実質属国化してもかまわない。ただ一方で、清国は朝鮮半島において、日本の安全保障を脅かすほど軍事的プレゼンスを見せてはならない。そういう考えで清国の対朝鮮外交を見ていました。そして日本が宥和的外交に徹し、侮辱にも耐え忍んできたのは、不平等条約を撤廃するためには揉《も》めごとを起こしたくないという強い動機があったからです。ところが、案の定清国はやりすぎた。日本を恫《どう》喝《かつ》した。

アメリカはいつ朝鮮を見限ったのか

宮崎 そのまま現代の中国に当てはまる話ですね。ところで、渡辺本の副題には「アメリカはなぜ日本を支持し、朝鮮を見限ったか」とありますが、アメリカが、朝鮮を見限ったのはだいたいいつ頃からですか?

渡辺 当時、朝鮮を独立国として扱った外交をしていたのは、アメリカと日本だけです。要するに日朝修好条規で初めて朝鮮を開国させた六年後の一八八二年に、米朝修好通商条約が結ばれる。そのあとも朝鮮はイギリスとかドイツとか、ヨーロッパ諸国と条約を結んで開国することになるのですが、公使級を出したのは日本とアメリカだけなのです。あとはみんな領事級です。

ヨーロッパの国は、朝鮮は基本的には清国の属国だから、それを前提に外交をしていました。けれど頑なに日本とアメリカだけは、朝鮮は独立国だということで外交をしていたのです。

このアメリカの態度が典型的に表れているのは、八二年に条約を結んだあとに、朝鮮からも「ミニ岩倉使節団」のようなものを招いたときのことです。アメリカには、日本と同じように朝鮮を近代化したいという、非常にまじめな気持ちがあったのです。朝鮮には外国政府と交渉とはいかないまでも親睦《しんぼく》を結べる人材さえいない。だから、リーダーにアメリカ人をつけてあげたのです。またアメリカに到着した使節にアメリカの海軍士官ジョージ・フォークという男も付けた。彼には、使節の訪米終了後も、ずっと欧州大陸からロンドンを回って、最後まで面倒を見させた。さらにはその彼を朝鮮に駐在させました。朝鮮も日本のように近代化してくれるのではないかという思いで、国務省はカリフォルニアの法律家ルーシャス・フートを駐朝鮮公使に送り出した。朝鮮の近代化を日本と同じように見守っていたんですよね。

ところが、いつまで経っても朝鮮は近代化しようとしない。朝鮮王朝には腐敗がはびこったまま。両班《ヤンバン》が私的に、勝手に税を取り立てるとか、一向に近代化に進まないので、最終的には諦《あきら》めるわけです。日清戦争が始まったときに、井上馨が全権で朝鮮に行って、朝鮮王朝に対して改革要望書を出しています。それを私は当時の資料で全部読みました。その改革要望書についての国務省と漢城の米国公使館のやりとりを見ると、アメリカがそれを高く評価していることがわかります。日本の対朝鮮外交をすごく評価している。日本のやるとおりにやれば、朝鮮は近代化する可能性があるということを、当時の国務省も言っているのです。

宮崎　自力でできなかったから、結局、併合して日本が近代化してあげた。そのために日本から持ち出したお金というのはすごい金額で、それで工業のインフラから教育のインフラまで作って差し上げた。だから感謝こそされてしかるべきなのに、いまだに恨まれている。

渡辺　そういうことです。これは、日露戦争のきっかけになるのですが、セオドア・ルーズベルトがはっきりと言っているのです。「あの国には近代化する能力はない。朝鮮は日本に併合されるべきだ」と。日露戦争が始まる前の一九〇三年です。これが後述の桂・タフト協定の伏線でもあります。

宮崎　セオドア・ルーズベルトは、どちらかというと親日派でしょ？

渡辺　まあ、親日派ですよね。より正確にいえば知日派のリアリストです。彼は自らがキューバの戦いで前線に立っただけに、戦う気力を見せない民族に対しては厳しかった。彼は白人至上主義者に違いありませんが、日本人に対しては騎士道精神にも似た武士道があるということで、高く評価しています。

宮崎　それはイギリスだって伝統じゃない？「怯懦《きょうだ》なる若者は国を亡ぼす」ってね。あの頃の気風ですよ。日本も戦前はそういう気概があったんだけどね。

渡辺　戦わない民族つまり対外的も国内的にも苦しくても頑張る。時には戦うことも厭《いと》わない。そういう気概を見せない民族を軽蔑《けいべつ》する。そういう態度をヨーロッパ人は見せますね。

表の歴史書には出てこない「ゼームス」という謎の人物

渡辺　アメリカの国務省と朝鮮の漢城、後の京城・ソウルですね、その漢城の公使館、それから北京の公使館や上海の領事館、あるいは日本の公使館との間で交わされた交信記録を見ますと、アメリカは徹底的に日本支持で日本を助けています。

宮崎　日露戦争（一九〇四～五年）では、ロシアのバルチック艦隊の行く先々からイギリスの諜報員が通過情報を詳しく打電して協力してくれていました。諜報戦におけるああいう支援もあったわけですか。

渡辺　それもありました。日英同盟締結は一九〇二年ですけれども、わずか七年、八年前の一八九四年から九五年にかけて、ロシアの南下に対抗できるのは清国ではなくて日本だという切り替えをしているのです。

宮崎　イギリスが？

ウラジオの旧日本人街（撮影宮崎）

渡辺　当時のイギリスの極東政策を理解するのは簡単ではないのですが、第二章で論じた、イギリスのアジア諸国に対する自由貿易帝国主義政策の歴史がわかると、理解の助けになります。イギリスは世界に先駆けて工業化して世界を制覇し、そのフロントランナーの立場を永続的に保持することを考えた。自由貿易を世界中に押しつけて、工業化できる可能性のある国を次々と潰《つぶ》したのです。インドだってかつては綿織物がさかんだった。産業革命によって工業化し安価な綿製品を供給できるようになったイギリスは自由貿易でインドの綿織物工業（家内工業）を壊滅させました。それと、金融の支配です。その完成形が清です。

宮崎　アヘン戦争以来の付き合いだから？

渡辺　そうです。今のＨＳＢＣ（香港上海バンク）を中心に金融もコントロールして関税も安くさせた。清市場はイギリスの自由貿易帝国主義の最高傑作だったのです。その最高傑作を脅かしに来たのがロシアです。ロシアの南下を阻止するのにイギリスは、清を助けたかった。

宮崎　だけど清にその能力はない。

渡辺　それをイギリスは、日清戦争の段階ですでに気づいていた。それで李鴻章が押さえていた北洋艦隊の情報を英国人のゼームス……「ゼームス」としかわからないのですが、彼を通じてかなり細かい清国の陸軍や海軍の状態を日本に教えているのです。

宮崎　「ゼームス」というのは、仮の暗号名でしょ？　スパイですかね。

渡辺　「ゼームス」には、西郷従道《つぐみち》・海軍大臣や陸奥《むつ》宗光《むねみつ》・外務大臣が直々にあっている記録もあるので、その情報がいかに重視されていたかわかります。その彼が、清国がドイツに弾薬を大量注文したことを突き止め、一八九四年の七月に伊藤《いとう》雋吉《としよし》・海軍次官に直接、詳細な報告をしています。イギリスが積極的にリークしたと見られるわけです。アメリカの歴史書を見ますとね、出典不明ながら「日清戦争を勝たせたのはイギリスだ」という断定調で書いてある歴史書もあるんですよ。

宮崎　それは非常に興味深い。つまり、歴史の流れのなかで相当重要な役割を果たしているのだけれど、表の歴史書にははっきりと出てこないわけですね。ま、外交史のダークサイドと言うべきかもしれません。

渡辺　そうです。あの時点でそれを考えると、一九〇二年の日英同盟が見えてきます。三国干渉（一八九五年にフランス、ドイツ、ロシアの三国が日本に対して下関条約に基づき日本に割譲された遼東《りょうとう》半島を清に返還することを求めた勧告）にも、イギリスとアメリカは入っていません。ロシアとドイツはくっついていたし、フランスはシベリア鉄道にファイナンスしていましたから儲《もう》かる鉄道になってもらったほうがいい。シベリア鉄道が旅順に連結したら商業的にも価値のある鉄道網が完成します。三国については理由がありますが、イギリスはなぜ加わらなかったのか。早い段階で「清に任せていたらダメだ」と判断していたからです。アイグン（愛琿）条約（一八五八年、アロー号戦争・太平天国の動乱後、中国黒竜江省の愛琿でロシアが清と結んだ条約。アムール川以北をロシア領、沿海州を両国の共同管理地区とした）でもロシアはあそこまで下りてきたし、清に任せていたら、満洲をロシアに取られるのも時間の問題だと見ていたからです。

宮崎　アイグン条約ではアムール川、中国語で黒竜江、あそこから南に百キロメートルもロシアの勢力が入っている。清はここまで譲歩した。だからロシアは好き勝手やって、とうとうハルビンを取ってロシアの国際都市にした。あれは清にとっては屈辱的。もっとひどいのは沿海州取られてね、出口がなくなっちゃった。で、ウラジオストクは、中国語では「海参崴《かいさんわい》」。海に参上する崴（平坦ではない山道）。中国語の地図にはいまだにウラジオストクとは書いてない。清の時代の名前が書いてあります。

黒竜江省の北端、黒河からタクシーを雇って孫呉《そんご》まで南下したことがあります。十年ほど前ですが、途中に愛琿条約記念館がポツンと建っていて、タクシーを止めてもらって見学したことがあります。中国にとっては、屈辱的な条約でした。

日本では日清戦争で日本が勝てたのは、日本の海軍が、清国海軍の最新鋭艦の定遠《ていえん》や鎮遠《ちんえん》を観察したら、洗濯物を干していた。だから、これは勝てると見て攻撃したというのは、これ、いちばん有名な逸話です。

渡辺　洗濯物が、砲身と砲身に洗濯ひもを通して干してあるのを東郷《とうごう》（平八郎《へいはちろう》）さんが見たという話ですね。

宮崎　あれは単なる逸話であって本当は北洋艦隊それぞれの艦の司令官がみんな妾《めかけ》の家にいて、大半の兵隊は売春宿にあがっていた。だから、攻撃されても何をどうしていいかわからなくて惨敗したんです。もちろん日本の奇襲でもあったけどね。そこまでの情報をわかっていてやったわけですよね。そこでね、「ゼームス」なる人はどこまで精度の高い情報をくれたのか……。

イギリスは朝鮮半島を日本に任せた

渡辺 「ゼームス」についてはよくわからないことがまだ多いです。しかし、イギリスの「心変わり」がよくわかる逸話は他にもあります。

まだ両国が宣戦布告していない時点で、最初の戦いは豊島沖で始まりますよね。いわゆる「東学党《とうがくとう》の乱」（一八九四年）がソウルから見れば南方に位置する牙山方面で激しくなっていたので、これを鎮めるために朝鮮王朝が清に軍を派遣してくれという話になった。その時に牙山港に清の兵隊を運ぶのに、イギリスのジャーディン・マセソン社系の高陞号《こうしょうごう》という貨物船を雇うわけです。

宮崎 清国へのアヘン持ち込みで儲けていたジャーディン・マセソン社がそんなところにも出てくるんだ。

渡辺 一五〇〇人ぐらい乗せていた。で、その船を東郷平八郎艦長指揮の「浪速」が臨検して捕虜にするという交渉をした。ところが、清の兵隊が船長を吊し上げて、絶対に従うなということで、東郷さんは数時間交渉したけれどダメで、最終的には撃沈した。

これを伊藤博文首相は、緒戦の勝利を喜ぶなかでも懸念するわけです。前に述べた円明園を焼き払うところまで報復したアロー号事件があったからです。ところが高陞号事件では、同じイギリスが文句を言わなかった。そこがものすごく大事なのです。

この事件が起こった直後、イギリスの法学者が、「東郷さんの交渉の仕方は国際法に準拠している」という論文を書いたわけです。

しかし、伊藤博文は、そう簡単にイギリスが許すわけがないと心配していた。ところがイギリスは、この時点で日本に味方することを決めていたのです。

それと関連するのですが、明治の元勲たちの狙いは不平等条約の改正でした。ちょうどこの年に日英通商航海条約が結ばれるわけです。関税自主権は一〇〇%ではないけれどもほとんど回復して、領事裁判権は取り戻したという、すごく大事な事件があった年です。この一八九四年は。

このときに、シーボルト事件を起こしたフィリップ・シーボルトの息子が絡むのです。

宮崎　長崎のオランダ商館医だったシーボルトが国禁の地図を持ち出そうとして幕府から国外追放された事件ですね。あれは、一八二八年でしたか。しかしなぜか地図は持ち出されていました。克明な海図もオランダにあって、それをもとにペリーは座礁することもなく下田から江戸湾へ入ってきたのでしたね。

渡辺　ええ。そのシーボルトの息子のアレキサンダー・シーボルトが、お雇い外国人の一人で、ちょうどこの頃ロンドンの日本公使館付の顧問をやっていたのです。そのシーボルトがイギリスのバルチー外務次官に、「これまで屈辱の不平等条約を結ばれていたのに、イギリスが領事裁判権を返してくれた。日本は今、イギリスに対して最高の感謝の気持ちを持っている。二国間関係がこれからますますよくなるときに、高陞号事件ごときでこの関係を潰していいのか」と、素晴らしい交渉をしていたのです。バルチー次官はあくまで補償を要求していたし、メディアはかなり取り上げて、日本はけしからんということで揉めたのですが、このシーボルトの交渉でイギリス政府はこの問題を鎮静化させて日英関係をこじらせなかった。

つまりこの時期にイギリスは、日本との関係を強化していくという外交方針に転換することを決めていたのです。だから高陞号事件で日本の責任を深追いせず早い幕引きを図った。バルチーは表面上強い抗議をしたけれども本音は穏便にことを収めたかったのです。

宮崎　今の話を聞いていて香港統治時代のイギリス、鄧小平《とうしょうへい》はサッチャー首相との談判の結果、香港島まで返還させたことを思い出すんですけど、話題に出たジャーディン・マセソンだとか香港の権利は、だいたいイギリスの商社が押さえて、あの人たちは建築業にも出てきて、つまり政府のインフラは全部彼らがとるのですよ。それで、またぶくぶく肥る。

象徴的な事例は、イギリスが九龍島と香港島を結ぶ地下トンネルを作って地下鉄を通したんですが、海底トンネルだけは日本の建設会社に任せました。今の話と同じでしょう、難しいところは日本にやらせるんです。

渡辺　前章でも述べましたが、伊藤博文もイギリスのことはずっと警戒しています。日清戦争前夜の局面ですが、外務大臣の陸奥宗光が伊藤博文に「有事の際」に頼るべき国はどこかと尋ねました。すると伊藤は米国を頼るべきだと言い、イギリスとロシアは避けるべきだと答えたと言います。また、面白いことに、日本のお雇い外国人の実態をよく見ると、技術系の外国人はドイツやイギリスなんですが政治顧問にはつけていない。政治顧問は全部アメリカです。

　したがって、イギリスへの警戒心はやはり根強く残っていたのでしょうね。

宮崎　結局、日本とイギリスが近づいた大きな理由の一つはやはりロシアの南下でしょう。日英両国は非常に警戒しています。ところが、この時期のアメリカ、戦後もしばらくそうでしたが、ロシアに対する警戒感がまったくありませんね。これも不可思議といえば不可思議です。

渡辺　その理由は簡単で、クリミア戦争ではアメリカがロシアを、南北戦争ではロシアがアメリカを支援していたからです。シベリア開発に専念するためにロシアはアラスカをアメリカに売却しています。米ロは蜜月関係にあったのです。こうした歴史的経緯があるため、ロシアの南下にアメリカが鈍感だったのでしょう。

宮崎　それにしても酷いですね。そのマキャベリズムが。

暗躍したアメリカ人ブレーン

宮崎　渡辺さんのこの本の大きな特徴ですが、外国人顧問団の舞台裏での活躍が、はっきりと映像が浮かぶように説かれていることです。これまでの類書にはまったく出てこない日本外交のご意見番的なアメリカ人のアドバイザーを丁寧に取り上げている。

　日本には前述のペシャイン・スミス、朝鮮にはホーレス・アレン、そして清国にはジョン・フォスターというブレーンが背後で助言し、それぞれ重要な役割を演じています。同時に諸外国の大使、公使とその周辺を囲んだロビイストや政商にはキャリアのない詐欺師や一攫千金《いっかくせんきん》を夢見る有象無象《うぞうむぞう》がいた。結局、この有象無象がいちばん面白いので日本の小説にはたくさん出てくるのですが、半面歴史をゆがめているところもある。ですから、有象無象ではなくアドバイザーたちについてお聞きしたい。

宣教師外交官ホーレス・アレン
（1858－1932年）

　まず朝鮮のホーレス・アレンですが、彼も素人外交官ですよね、もとは宣教師だった。あの時代珍しい朝鮮贔屓《びいき》で、国王高宗《こうそう》は医師でもあった彼のことを厚く信頼していた。

渡辺　アレンがなぜ宣教師あがりで外交官になったかは本書（朝鮮開国と日清戦争）を読んでいただくとして、このときの朝鮮は、清のほぼ属国化（楽浪郡化）されていましたが、高宗には自前で近代化したいという気持ちがないわけではなかった。しかし度重なる粛清で有為な若者は殺されたり、国外に逃亡してしまった。自業自得ですがそれでも近代化願望は少しは残っていた。高宗はささやかな清国への抵抗としてアメリカを頼ります。一方のアメリカは朝鮮を独立国として扱う情熱は半ば覚めていた時期です。そのアメリカの関心を再び取り戻すために高宗が利用したのが、米朝修好通商条約第二条です。第二条は外交官の交換を認めるものです。高宗はアレンという頼れる人材が確保できたのを機に、ワシントンに外交官を駐在させることを決めます。そしてアレンをワシントンに遣り外交アドバイザーで駐在させたのです（一八八七―九〇年）。

またもう一つ、第一条の周旋条項の活用です。これで朝鮮が他国と紛争があった場合はアメリカが間に入ってくれます。ハリスが作った日米修好通商条約をベースにして、米朝修好通商条約もでき上がっていた。だからアメリカが日本に対して果たした保護者の役割を対朝鮮外交でも条約上はできる立場にいたわけです。これをとことん利用しようとしました。日本がこの周旋条項をほとんど使おうとしなかったのと対照的です。

アレンもまたアメリカ企業の朝鮮への関心を高めるため、鉄道敷設権や鉱山開発権で呼び込みます。アレンは、その後今度はアメリカ国務省に雇われ最終的には駐漢城公使となります。ただ、アレンは、アメリカ国務省本省の指示を守らず、朝鮮王朝に肩入れしました。

たとえば、日本に亡命していた開化派の金玉均《きんぎょくきん》は上海を訪問したとたんに朝鮮王朝の刺客に暗殺されました（一八九四年）。アレンはその遺体を朝鮮に移送させる工作を仕掛けました。高宗の意を受けての動きでした。この件ではワシントンの国務省本省から厳しく叱責《しっせき》されています。

宮崎　金玉均は福沢諭吉が匿って支援した人物でした。韓国は本来なら、この人物の銅像を建てるべきなのに、替りに南山《ナムサン》公園に聳《そび》えるのは安重根《あんじゅうこん》と金九《きんきゅう》です。ともにテロリスト（笑）。

「旅順虐殺」の真実

渡辺　彼はまた、いわゆる「イエロー・ジャーナリズム（扇情的な記事を売り物にする新聞）」のジャーナリストであったジェイムズ・クリールマンを高宗と謁見《えっけん》させています。

宮崎　クリールマンは旅順を占領した日本軍が無辜《むこ》の民間人を虐殺したとセンセーショナルに報道した記者ですね。あれはデタラメもいいところですが、日本の史書のなかには「旅順虐殺」報道を真実であるかのように書いているものがある。

渡辺　たとえば、こういう記述です。「(日本兵士は) 見つけたものはすべて殺した。跪《ひざまず》いて命乞いする者にも容赦はしなかった。彼らは射殺されるか、銃剣で刺殺されるか、斬首《ざんしゅ》されるかした。そして町中で略奪があった」

じつはこのとき、アメリカの議会では、一八九四年十一月二十二日にワシントンで調印された日米通商航海条約を、批准するか否かが議論されていました。これは先に述べた日英通商航海条約と同様に不平等条約を一部改正したものです。ところが、クリールマン報道に驚いたアメリカ上院は日本と調印したばかりの条約を破棄することまで検討したのです。

これに関しては、駐日公使のエドウィン・ダンが直ちに調査して次のような報告書を国務省に送っています。長いですが、戦場の実態と日本兵に対する公平な評価をしていて現代の日本人にとっては目からウロコの記述だと思うので、全文を掲げます (翻訳渡辺)。

一八九五年一月七日

グレシャム国務長官殿

昨年十二月二十日付で報告した「旅順事件 (Port Arthur Affair)」についてですが、在東京公使館付駐在武官が、清国金州より報告書を送付してきましたので添付致します。日本軍による旅順攻略時にあった不幸な状況についての報告です。本官は、ロシア公使館の駐在武官であるデ・ウォガック（de Wogack）大佐および日本の輸送船の指揮にあたっていた米国人ジョージ・W・コナー氏からも聞き取りを行ないました。コナー氏は旅順攻略戦の際に同地にいた人物です。彼らの証言が、添付のオブライエン武官の報告書の内容に合致していたことを確認いたしました。三氏の証言から、十一月二十一日に清国軍兵士を殺害する事件があったことは確かですが、ニューヨーク・ワールド紙の記事にあるような、二十一日以降にも（民間人）虐殺があったという報道は真実ではありません（not true）。彼の記事は、事実を甚だしく誇張した（gross exaggeration）ものです。

駐日本公使エドウィン・ダン

添付されたオブライエン大尉が現地から寄せた報告書は次のようなものです。

ダン公使殿

旅順における不幸な状況について私が報告できるのは、あくまでも私自身が見たことだけです。軍隊というものは、どんな些細《ささい》なことであっても、非難に晒《さら》されるのがつねの組織です。特に今回の報道内容は大山《おおやま》（巌《いわお》）大将のこれまでの声明（方針）と大きく異なっていることから非難が起きているものと思われます。

本官も、抵抗をやめた兵士を殺さずとも捕虜にできた場面をいくつか目撃しました。無防備で明らかに降伏しようとした兵士が殺害されたこともありました。また後ろ手に縛られたままの死体も見ました。銃剣によって切り刻まれた死体もあり、それらは（殺された時点では）無抵抗だったろうと思わせるものもありました。私の観察は、あえて戦争の恐ろしさを見つけようとしてなされたものではありません。通常の戦闘や戦場の観察で見たものです。

（クリールマン報道にある）十一月二十二日、二十三日に発生したとされる虐殺について、従軍記者らに質問してみました。というのは、私はそうしたことがあったことをまったく知らないからです。私自身、この両日、周囲の丘から何発か銃声が響くのを聞きましたが、（市民への）暴力行為（act of violence）は見ていません。私は二十二日は一日中、二十三日は午後だけですが旅順市内にいました。その間、戦闘行為（act of war）も暴力行為（pillage）も見ていません。ただ民家や商店に対する略奪行為はあり、それは物がなくなるまで続きました。

二十一日の日本軍の行為に対しての言い訳になりそうですが、彼らの気持ちは理解できないこともありません。清国兵による残虐行為（barbarities committed by the Chinese）があったからです。市内の入口付近の灌木《かんぼく》に日本人捕虜の首が吊り下げられていたのです。

これが日本兵を怒らせたことは間違いないでしょう。もう一点は、日本軍は旅順市内での抵抗は相当に激しいものになると覚悟していたことです。市内や周辺の要塞《ようさい》の攻略がこれほど容易だとは思っていなかったのです。拍子抜けした兵士たちが不要な殺害に走ったのです。

このような背景があったにせよ、それは免罪符にはなりません。ただこの程度の事件は世界のどの軍隊にもあることを頭に入れておく必要があります。日本の兵士だけに奇跡のような行動を求めることはフェアではありません（hardly fair to expect miracles of the Japanese）。少しでも行きすぎた行為があれば非難を浴びることになります。今回がそのケースでしょう。

日本軍兵士の親切さ、礼儀正しさ、優しい振る舞い。そうしたことを本官自身よく知っています。日本の軍隊を知る者にとっては旅順の事件は大変残念であります。日本軍の行動は、貧しい支那人に対しても、軍はまさにこうあるべきだという見本のようなものでした。私は今、金州にいますが、日本人は支那人に対してじつに優しくかつフェアな態度で接しています（訳注：戦前の史書には、「占領地行政庁を金州城内に置き、天津領事荒川巳次《あらかわみじ》を庁知事に任じて州民を愛撫《あいぶ》しました」とあり、この記述が誇張でないことがわかる）。民衆のためにできることは何でもしています。そのやり方は正義に基づくもので、フェアなものでした。

市場も開かれ、商品は適正な値段で売買されています。（軍による）無法行為はなかったし、民間人を不当に扱うようなことはいっさいありませんでした。実際のところ、支那人民衆の生活はそれまでよりもずっと改善され、彼らはそのことを喜んでいたと思います。こうした事実に鑑みますと、旅順で起きた行き過ぎた日本兵の行為についていつまでも拘《こう》泥《でい》すべきではなく、忘れていいものと考えます。旅順での事件の原因には私の知らない何かがあるのかもしれません。

いずれにしましても、誇張された報道がなされたことは間違いありません。本官自身、当該記事を見ていないので、これ以上の論評はできません。本官はまだ正式な報告書を提出していませんが、今ここに（旅順での戦闘の模様を）取り急ぎ報告するのは、公使のもとに報道された記事が届いていて、公使がその内容の真偽を判断し、評価を下すためには、より正確な情報が必要であろうと考えたからです。

本官はこれまで接したすべての日本陸軍士官から親切な扱いを受け、かつ礼節をもって遇されています。大山（巌）大将をはじめとして、私に対する丁寧な扱いに深く感謝しています。私は広島では、川上《かわかみ》（操六《そうろく》）将軍や彼の部下に大変お世話になりました。彼らの示してくれる配慮は、世界中のいかなる軍隊からも期待できないほどのものでした。

M・J・オブライエン
一八九四年十二月二十八日　清国金州にて

アメリカ議会は国務省のこの報告書をもとにした説明に納得し、翌年の二月には日米通商航海条約を批准しました。ようやく木戸、大久保、伊藤、大隈、陸奥など多くの明治史を彩る政治家が命をかけて挑んだ不平等条約改正が大きく前進したのです。

宮崎　最終的にアレンはセオドア・ルーズベルトに解任されますね（一九〇五年三月）。

渡辺　アレンはアメリカの外交官でありながら、徹底的に朝鮮王朝の意向に沿った行動をとり続けました。そのため本国から厳しい叱責を受けたことはすでに述べました。アレンは事もあろうに日本の力へのカウンター・バランスにロシアを利用することを朝鮮王朝に勧めたのです。日露開戦間近においても国務省に日本よりもロシアを重視すべきだと主張しています。

宮崎　朝鮮王朝は日本が朝鮮で進める内政改革が成功すると、両班階級の既得権益が喪失するから日本を嫌っていた。一九〇五年の十一月の第二次日韓協約により、日本が韓国の外交権を剝奪《はくだつ》すると、アメリカの公使館は他の西洋諸国に先駆けて公使館を閉鎖し、その業務を在東京公使館に移しました。

渡辺　このときアレンは朝鮮の友人に朝鮮が日本に併合されるのは決まったようなものだと手

紙を書いています。

「あれだけの腐敗と愚かな行動。そしてうぬぼれ。それが今の朝鮮を生んだ。（朝鮮が）自ら招いた結果である。（中略）そうであったとしても、わがアメリカが日本の朝鮮における支配的立場を容認するのは返す返すも残念だ」

朝鮮王朝をこよなく愛し、大統領にたてついてまで朝鮮の将来のことを考えたこの人物でさえ、これだけ厳しい言葉を残していることを知っておくべきでしょう。

下関講和交渉の「陰の功労者」元国務長官フォスター

宮崎　私も全然知りませんでしたが、下関講和交渉において清国側のアメリカ人顧問のジョン・フォスターはかなり重要な位置にいました。彼がいなければ下関条約があのようなかたちで無事締結されたかわからなかった、という事実は初めて知りました。

渡辺　フォスターはインディアナ州出身の共和党員で、ハリソン政権末期に国務長官を務めた大物政治家です。共和党政権の外交交渉に深く関わり続けた人物です。この大物を李鴻章はアドバイザーに雇いました。

郵便はがき

料金受取人払郵便

牛込局承認

9410

差出有効期間
2021年10月
31日まで
切手はいりません

162-8790

東京都新宿区矢来町114番地
神楽坂高橋ビル5F

株式会社ビジネス社

愛読者係行

ご住所 〒 TEL: ( ) FAX: ( )		
フリガナ お名前	年齢	性別 男・女
ご職業	メールアドレスまたはFAX メールまたはFAXによる新刊案内をご希望の方は、ご記入下さい。	
お買い上げ日・書店名 年 月 日	市区 町村	書店

ご購読ありがとうございました。今後の出版企画の参考に
致したいと存じますので、ぜひご意見をお聞かせください。

書籍名

お買い求めの動機

1　書店で見て　2　新聞広告（紙名　　　　　　　）
3　書評・新刊紹介（掲載紙名　　　　　　　）
4　知人・同僚のすすめ　5　上司・先生のすすめ　6　その他

本書の装幀（カバー），デザインなどに関するご感想

1　洒落ていた　2　めだっていた　3　タイトルがよい
4　まあまあ　5　よくない　6　その他（　　　　　　　）

本書の定価についてご意見をお聞かせください

1　高い　2　安い　3　手ごろ　4　その他（　　　　　　　）

本書についてご意見をお聞かせください

どんな出版をご希望ですか（著者、テーマなど）

フォスターは李鴻章が小山豊太郎《こやまとよたろう》に下関で暗殺されそうになったさいにも同行しており、事件も直接目撃しております。幸い李鴻章は左目のすぐ下一インチ（二・五センチメートル）に弾丸を撃ち込まれましたが、銃弾は骨を貫通せず軽傷で済みました。しかし李鴻章の生死がまだ不明なときにフォスターが見舞いに行くと、彼の顔を見て微笑み、そして手を固く握りしめています。なぜ李鴻章はそこまで彼を信頼したのか。それを探るのが歴史家のつとめだと思い、フォスターがどのように書かれているか調べたのですが、案の定日本の史書には登場しない。ただ、日清の講和交渉の舞台であった下関の春帆楼《しゅんぱんろう》に行くと、確かに錦絵《にしきえ》の端っこのほうに、座っているジョン・フォスターの絵があるんです。

ジョン・ワトソン・フォスター
元国務長官（1836－1917年）

宮崎　私は下関の赤間《あかま》神社の隣にある春帆楼には二回行っているんですが、椅子《いす》が巧みに違って李鴻章の座っているのは特別あつらえで、その隣にシナ人顧問団が描かれ、日本側が伊藤博文とあと一人だけ椅子が大きくて、他はみんな小さい椅子なんですね。じつに狭い部屋。あれを見たとき、こんなところで歴史的交渉を決めちゃったの？　と思いました。

それはともかく、フォスターが清側顧問になると得

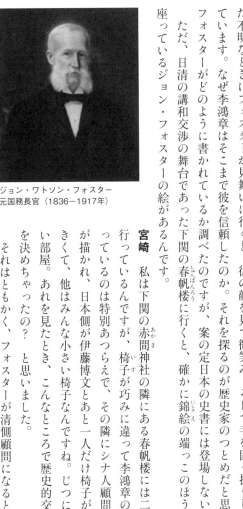

体の知れない男たちがすかさず近寄ってくる。ジャーナリスト、造船所のエージェント、鉄道建設や金鉱開発のプロジェクトを持ち込む企業家など。ロックフェラーのスタンダード石油も上海での宿舎提供を申し出た。生々しい話です。フォスターは書いてないようですが、それらのエージェントときっと関わりがあるのでしょうね。

渡辺　それはわかりませんが、フォスターは妻にこの交渉について次のように書いています。

「この交渉は、講和の成立は不可能ではないにしろ、かなり難しいものになるだろう。日本は戦争の勝利に沸いているし、なによりも、清国から過去に受けた侮辱を恨んでいるところがあって、それを今回の交渉で晴らしたいと思っているようだ」

また、フォスターは圧倒的優位の戦況である日本が、交渉を急ぐ必要がないことも理解しています。さらなる軍事攻勢をかけ、交渉力を高められますから。

宮崎　この期に及んでも清国は全権の人選で揉めています。日本側は李鴻章か愛新覚羅奕訢《あいしんかくらえききん》を望んでいたのに、お雇い外国人のグスタフ・デトリング（天津海関長、ドイツ人）やら、戦闘中清国軍兵士に日本人兵士の首を獲れば懸賞金を出すと、残虐行為をそそのかしたような男を出してきた。まったく愚弄《ぐろう》していますね。

渡辺　じつは李鴻章は連戦連敗のため、清国皇帝とその側近から評価を下げていました。彼らからすれば敗北の責任はすべて李鴻章にありました。彼が全権に指名されたのも、日本が非公式ながら指名したからです。そうした状況において、日本側の条件は李鴻章にとって予想以上に厳しいものでした。気落ちしていた李鴻章に条件を緩和させることは可能であると慰めたのも、フォスターです。

清国というのは首都北京が脅かされないかぎり、真の意味での交渉をしない国なのです。清国は日本の講和条件緩和を狙い、イタリア、英国、フランス、ドイツ、ロシアに働きかけています。もちろん、その工作情報を日本はいち早くつかんでいましたが。

宮崎　フォスターの読みどおり、日本側との度重なる協議の結果、満洲地域の権益要求範囲や河川航行権の範囲は縮小され、賠償金額も三億両《テール》が二億両まで減額されました。賠償金支払いが終わるまではその担保として奉天《ほうてん》（注：現瀋陽）を占領するという条件も消えました。しかし日本にとって妥協の余地がないところまで条件を緩和させておきながら、李鴻章はさらなる要求をしなければなりませんでした。それもこれも北京にいる対日強硬派や彼の能力に疑いを持つ側近対策のための演技でした。

渡辺　最終的に北京にいる皇帝たちに条約の批准をするように説得したのもフォスターでした。全権の資格を持った李鴻章が調印した条約は皇帝自身が署名したのと同じである、もはや「李鴻章の条約」ではなく「皇帝の条約」である、もし批准を拒否したら西洋諸国から完全に笑い者にされてしまう。そうなったら皇帝に恥をかかせた責任はあなた方にある、と。

下関条約第一条は次のように朝鮮の独立を規定しています。

「第一　清國は朝鮮國の完全無缺なる獨立自主の國たることを確認す因て右獨立自主を損害すべき朝鮮國より清國に對する貢獻典禮等は將來全く之を廢止すべし」（原文カタカナ）

この条文で、独立国（日朝修好条規）となったあとも朝鮮が続けてきた冊封《さくほう》の儀礼も完全に廃止されることが決まった。これが、朝鮮の独立と近代化を願ったたった二つの国――日本とアメリカの共同作業によって、真の「朝鮮開国」をなしえた瞬間だったのです。この日米両国にとっての輝かしい歴史が、戦後の「自虐史観」の席巻によりすっかり忘れ去られているのです。

宮崎　ともかく、この章で私たちは近現代史の光の当てられなかった部分を照射して論及してきたわけですが、ミステリアスな闇の部分は、まだまだ全容の解明には至りません。これからも渡辺さんの挑戦的な執筆に期待したいと思います。

渡辺　ありがとうございます。

最後に一点だけ付け加えておきますと、私の書はどれもまだ英文に翻訳されてはいませんが、外国の大学図書館や公立の大型図書館が蔵書してくれています。すこし自慢話のように聞こえて申し訳ないのですが、たとえば『日米衝突の根源』（草思社）は、オックスフォード大学、スタンフォード大学、ストックホルム大学あるいはベルリン国立図書館などが購入してくれています。

この章での宮崎さんとの対談は拙著『朝鮮開国と日清戦争』（草思社文庫）がベースになっていますが、じつはこの書（単行本）を北京大学が蔵書しているのです。このことは宮崎さんと今日議論した新しい歴史解釈に中国の専門家が注目していることを意味していると考えています。ただ北京大学が蔵書してくれているのはこの書だけなのが残念ですが（笑）。

第四章　ルーズベルトが仕掛けた日米開戦

コミンテルンの謀略説以前にあった日米開戦の萌芽

宮崎　第一次大戦が終わる頃まで日本とアメリカは協力関係にありました。日本はアメリカによって開国させられ、朝鮮開国は日米両国が協力して行った。アメリカの潜在敵国はイギリスだった。それが時間の経過とともに一転して太平洋で日本と衝突するに至ったのはなぜか。本章ではそれを議論したいと思います。

特に保守論壇で強い論調ですが、日米が開戦に至った理由を、フランクフルト学派に代表される共産主義者、あるいはコミンテルンのスパイがフランクリン・ルーズベルト政権のなかに巧妙に入り込んで、アメリカを誘導したからだ、と言われています。これはヴェノナ文書が公開されたことにより、明らかにされたことです。ところが、渡辺さんの『日米衝突の萌芽：

1898—1918』（草思社）を読むと、それ以前にコミュニズムとは関係がない要因でアメリカが突き動かされてきたことがわかります。特に米西戦争（一八九八年にアメリカとスペインの間で起きた戦争）で領土化したフィリピンがセオドア・ルーズベルト政権のアキレス腱《けん》になったことが大きかった。

しかし米西戦争の本来の狙《ねら》いはフィリピンではなく、地政学上重要なハワイの併合でした。そのことの重要性を「わからず屋」の政治家に理解させるために、フィリピンのマニラ湾を攻撃したにすぎず、これは当時海軍次官だったルーズベルトと軍略家のマハンらが計画したものでした。つまりフィリピン攻撃でハワイのロジスティクス上の重要性を「わからず屋」にもわかる形で浮き彫りにしました。したがって、マッキンリー大統領は当初フィリピンの場所も知らないほどでした。フィリピン併合反対の議員も多く、大半の国民もフィリピンのことなどどうでもいいと思っていた。

そのフィリピンが結果的にアメリカの西漸《せいぜん》運動を正当化するマニフェストディスティニー（明白なる宿命）のフィナーレの地として祀《まつ》り上げられた。お陰でアメリカは西太平洋の果てに防衛がまったくできない島嶼《とうしょ》を持たなければならなくなった。これがそもそもの元凶だとされる。

一方日本はフィリピンとは浅からぬ関係があります。秀吉に朝鮮出兵ではなく、軍事力が脆《ぜい》弱《じゃく》なフィリピン方面に軍を進めるべきだと主張した長崎の商人原田孫七郎《はらだまごしちろう》がいました。また、家康はフィリピンでマニラ臨時総督を務めたスペイン人ドン・ロドリゴとの対面をきっかけに、日墨貿易を行おうとした。だからこそ、家康は、先に話題にしたウィリアム・アダムスに西洋型帆船の建造を命じた。家康の承諾を得た伊達政宗《だてまさむね》は支倉常長《はせくらつねなが》をメキシコ、スペインを経由してローマに派遣（一六一三年）しています。

したがって、日本は南に向かって勢力を拡張すべきであるとする「南進論」は、明治のはるか以前、秀吉の時代にその萌芽《ほうが》を見ることができます。そのこともあってか、アメリカは日本の「南進論」を非常に警戒しています。

マニフェストディスティニーという狂気

渡辺　日本政府もそれをわかっていたから、フィリピンに関しては慎重に対応しています。米西戦争が勃発《ぼっぱつ》すると、日本はアメリカ・スペイン両国と友好関係にあり、本来は中立の立場であるはずなのに、アメリカのフィリピン占領政策には、いち早く支持を表明しています。それでもアメリカは警戒心を緩めませんでした。じっさい、日本国内にはフィリピン民族を助けるのは日本民族の務めであるといった機運が広がっていました。フィリピン独立派は日本からの支援を要請し続けていました。フィリピンの惨状を聞くにつけ日本人のなかのアジア人として

フィリピンで水牛に乗るタフト

のアイデンティティを駆り立てた面はあったかと思います。

宮崎　日本人の心情としては正義が勝ちすぎるから、フィリピンのエミリオ・アギナルドが独立を目指すのであれば、これを支援しようとなる。正義感とアジア人への同情です。アメリカのマニフェストディスティニーこそ、一般の日本人からすれば正気の沙汰《さた》とは思えないというのが実感でしょう。

渡辺　しかし、アメリカの場合はこの理念で国民の支持を得られるのです。大陸のなかでは失われた辺境が太平洋の西端で見つかったとすれば理屈として通ってしまう。プロテスタント思想の啓蒙《けいもう》を待つ「哀れな」未開の原住民がいるのです。彼らに正しく西洋文明を授ける「明白なる宿命」は、神が人類の最優秀種であるＷＡＳＰ（White Anglo Saxon Protestant：アイルランド系、ユダヤ系、黒人などに対し、初期の入植者の子孫である、アングロサクソン系でプロテスタントの白人をこう呼んだ）に与えた試練なのです。もしこの考えが間違っているのであれば、アメリカの西漸運動の歴史は犯罪の歴史になってしまうのです。セオドア・ルーズベルトは二四州にわたってフィリピン領有の大義を説く演説の旅を続けました。

フィリピンの改革を任されたのはウィリアム・タフトですが、マニフェストディスティニーの総仕上げの土地ということで、近代化に真剣に取り組むんですね。

タフトはまず、六〇〇万ドル（現在価値一億三〇〇〇万ドル）の予算を費やしカソリック教会組織が所有していた土地を買い上げます。そのうえで、一七万ヘクタールの土地をフィリピン人農民に低利で放出します。放出された土地は土地登録法により私有財産として保護されるように、法的環境も整えていました。無料で初等教育を行うため、公教育省を設立し、アメリカ本土から一〇〇〇人超の教員を招聘《しょうへい》し、初年度には一五万人の児童に教育を施しました。当時のフィリピンは多言語国家であったため、国民としての意思疎通ができるよう英語を共通言語として教えました。

タフトは日本の明治期では三〇年もかかった改革を、わずか数年で完成させました。文字どおり、アメリカのレゾンデートルをかけて取り組みました。したがって失敗は許されなかった。それだけに日本の出方に非常に敏感になっていた面はあると思います。

アメリカのフィリピン領有についてジャーナリストの髙山正之《たかやままさゆき》さんと議論したことがあります。髙山さんは、フィリピン領有はあくまでインディアン虐殺の延長としての西漸運動の帰結であると解釈されているようです。しかし私は、フィリピンについてだけは、そうではなく、あくまでも成り行き上の領有だった、西漸運動の帰結という物言いは後付けの議論だったと見ています。髙山さんには、いつもアメリカに理解がありすぎると怒られるのですが（笑）。ただフィリピンにおける独立派へのアメリカの弾圧はあまりに酷い。まさに蛮行の限りをつくしています。それに対して髙山さんがひどく怒っていることはよく理解できます。

宮崎　髙山さんとは私も共著（『世界を震撼させた歴史の国・日本』徳間書店）がありますが、外交史に詳しい。

アメリカ領土拡大の三つのロジック

渡辺　これは指摘したほうがいいと思いますが、アメリカの領土拡大には三つの原則（ロジック）が見てとれます。

第一に、人口の多いところは領土化しない。

第二に、たとえ戦争で圧勝しても日本が南樺太《みなみからふと》をとったようなやり方はせず、必ず金で解決する。つまり金で買ったことにする。

第三に、住民投票を行い自発的な併合を演出する（促す）。


第一の例はキューバがそうです。米西戦争はキューバの独立運動の支援から始まりましたが、領土化しませんでした。これは戦争前からあらかじめ決められていたことでした（テラー修正条項）。キューバは当時一七〇万もの人口を擁《よう》しており、ラテン系カソリック教徒のキューバ人がアメリカ国内に流入するのを嫌ったからです。キューバの主要産品の粗糖《そとう》が入ってくることにより、価格が暴落することも恐れていました。その代わり人口の少ないグアムとプエルトリコは領土化しています。

第二の例はカリフォルニアです。一五〇〇万ドルでメキシコから購入した形にしました。アラスカも戦争の結果ではありませんがロシアから購入しました。

テキサス共和国あるいはハワイ共和国などが第三の例です。自発的にアメリカの州になりたいという政治運動を作りだしたのです。

じつはこのロジックの一つについて、政界を引退し、世界周遊の途次に日本を訪れたウィリアム・スワード国務長官のエピソードがあります。彼は、外務卿沢宣嘉《さわのぶよし》からアドバイスを求められました。ロシアとの樺太を巡る国境問題でしたが、スワードは金で解決することを提案しています。金で買ったほうがあとで揉《も》めない、占有の正当性云々《うんぬん》で議論するよりも金で買ったことにして後顧《こうこ》の憂いを作らないほうが良い、というアメリカのロジックを説明しています。しかし、沢宣嘉は、もともと日本の領土だという主張一点張りでした。やはりこのロジックを理解するのは難しかった。

日本人には現代でもなかなか理解できないんですよね。

宮崎　というより、島国で育った日本人には理解不能でしょうね。そういう国際政治の微妙なところが日本人にはよくわからないのだと思います。

渡辺　ところでここで先ほどの髙山さんとの議論を少しばかり補完させてください。アメリカが領土拡大のさいに用いる三つのロジックのうち、人口の多いところは領土化しないというのを今ご説明しました。フィリピンについてはこの原則から外れているのがわかるでしょう。実際領土化されたあと、多くのアメリカ国民が、未開人が、昔の言葉なら土人ですが、アメリカ国民となるのか、と恐怖しました。フィリピン領有は一般には歓迎されていなかったのです。ですから、アメリカはフィリピンはかなり早い段階で独立させ、アメリカ本土に彼らを流入させないという外交方針を取っています。

したがって、「大東亜戦争がアジアを独立させた」という主張は、少なくともフィリピンについてはアメリカは受け付けないでしょう。「冗談じゃない。フィリピンの啓蒙にどれだけの費用をかけ有為な人材を送り込んだと思っているのか。フィリピンを独立させるのは既定路線だったのだ。われわれはそのタイミングを見ていただけだ」と反論されるでしょう。確かに、その過程でとんでもない虐殺がありましたが、アメリカはインフラストラクチャーに莫大《ばくだい》な投資をして、フィリピンの近代化を助けたこともまた事実です。ですから、私はフィリピン領有については先ほど申し上げたように、アメリカの行きがかり上の勇み足であり、イギリスやフランスのような植民地として領土化を考えていたわけではなかったと解釈しています。ただ、アメリカの帝国主義者のなかには、フィリピンを支那市場への橋頭保《きょうとうほ》にする、マニラ湾は最高の軍港だ、と声高に主張する者はいました。しかし、国家としての外交を俯瞰《ふかん》して見ると、早く手放したいと考えていたことは間違いないのです。

このことはアメリカのとった関税政策でもわかります。フィリピン産品には領土化したあとも関税をかけ続けています。粗糖などのフィリピン産品がアメリカに無税で入ってもらっては困るのです。あくまで外国として扱っています。フィリピン「土人」の本土への流入は認めない。その思いが領土欲に優っていたのです。

近代化を促したアメリカは今フィリピンに感謝されているのでしょうか？　けっして親米で

はないでしょう。日本が行った朝鮮へのインフラ投資に似て、どれだけ善意があったとしても他国への援助が感謝されるかどうかは水物《みずもの》です。日本の巨額なODAも捨て金と思っておいたほうがよいのです。

これはあとで議論する「弱い国はずるい」という一般論とも関連します。

密約だった桂・タフト協定

宮崎　アメリカは日本の南進論を恐れていた。日本は下関条約で台湾を領有しましたが、いかんせん台湾の目の前にフィリピンがありましたから。しかも日本人の心のなかでは同じアジア人としての同情心の火が燃えたぎっていました。時はあたかも日露戦争の最中です。一九〇五年の七月にフィリピン民政長官から陸軍長官になっていたタフトが日本を訪問しました。

渡辺　日本にフィリピンへのいかなる介入もさせない、それを約束させるというのがタフト訪日のいちばんの目的でした。明治天皇と謁見した七月二十六日の翌朝にタフトは桂太郎首相との会談に臨んでいます。この会議で協議されたのが「桂・タフト協定」という密約です。これは日本が安全保障上、もっとも重要と考えている朝鮮と、マニフェストディスティニーの総仕上げであるフィリピンとをバーターしたものでした。

日本にとって朝鮮半島が地政学上死活的に重要であることをアメリカはよく理解していまし

た。アメリカには、カリブ海、メキシコあるいは中南米といったいわゆる「アメリカの裏庭」の地域にはヨーロッパ勢の介入を絶対に許さない、という強い方針があります。これは十九世紀のはじめにモンロー大統領が発した「モンロー宣言」(アメリカ大陸とヨーロッパ大陸の相互不干渉。モンロー・ドクトリン、一八二三年)以来の伝統です。ですから、「日本の裏庭」にあたるのが朝鮮半島だということは彼らにはすぐわかる理屈でした。

タフトは桂首相との協議のなかで、日本が朝鮮半島における特別な勢力圏を持つことを容認します。これはロシアの影響力を排除することへの支援を意味します。日露戦争の最中で表向き中立の立場であるアメリカが、です。これは非常に大きな意味を持ちます。逆にいえばそれくらい日本の南進論を警戒していたのです。

宮崎　密約だった桂・タフト協定を当時知っていたのはどれくらいですかね?

渡辺　アメリカでは急ぎ電報で報告を受けたルーズベルト大統領やルート国務長官らごく一部の政権幹部だけです。日本の外務省は現在でもその原本を持っていないとＨＰ上で説明しています。ですから、アメリカの歴史家タイラー・デネットの調査で発見されるまでの、およそ二〇年間は、この協定の存在を両国のメディアも国民も知らなかったことになります。

宮崎　外交上の密約に関しては知らせないというのが、イロハですから。

渡辺　ここで注意を要するのは、私たちのように現代人はあとになってわかった事実を読み取る作業のなかで、あたかも当時の人々がそれを知っていたかのように錯覚してしまうことです。日露戦争の講和条約に対して国民の不満が爆発した日比谷焼き打ち事件が起こりましたが、当時戦争の継続は、軍事的にも財政的にも、難しい状況にあることを国民は知りませんでした。日露戦争の戦死者は五万五〇〇〇余、戦傷者一四万四〇〇〇。日清戦争の戦死者九九〇人に比べ犠牲者の数は桁違《けたちが》いでした。戦費は二〇億円にのぼり、当時の政府歳入四億円の五倍にあたります。戦費は多くを外債に頼っていましたから、歳入を増やすためには増税が不可避でした。所得税を上げるだけでなく、タバコも塩も専売品にされたのです。こうした苦しみを、国民のだれもが感じていただけに、小村寿太郎《こむらじゅたろう》の交渉に期待する機運は、全国民の間に否応なく高まっていました。

徳富蘇峰《とくとみそほう》の『国民新聞』はポーツマスでの講和が決まると間髪を入れず条約の内容を詳しく報じました。蘇峰は桂首相と親しく、桂政権を支持する論陣を張り続けた新聞人です。国民の怒りは国民新聞社にも向かい、暴徒に輪転機を破壊されています。しかし、日露戦争の本来の目的は賠償金や領土獲得ではなく、日本の安全保障の要である朝鮮半島からロシアの影響を完全に排除することでした。そういう意味においてはポーツマス条約と桂・タフト協定で完全に勝ち取ったのです。ところが、桂・タフト協定は密約だったため、朝鮮の権益確保について国民に説明することができませんでした。

密約の存在を知っていた徳富蘇峰はこう言っています。

「世の中に知られざるを知らざるとするは、苦痛でもなおしのび得るが、知ったことを、知らざる振りをして過ごすことは、いかにも苦痛である。……ことに（明治）三十七年、八年（一九〇四、五年）の役から、この不快をば、常に満喫した」

南西諸島におけるアメリカ対ドイツ

宮崎　それともう一つ、アメリカが警戒していたのはドイツの動向でしょ。ドイツは西太平洋に着々と進出します。米西戦争に敗北したスペインの代わりにあたかもミクロネシアにおける盟主になろうとした。ドイツ帝国としての誇りとコプラ（椰子《やし》）生産という現実的利益という二つの理由がありました。ドイツは、一八八六年にはマーシャル群島を、一八九八年にはアメリカに売却されたグアムを除いたマリアナ諸島、カロリン諸島、パラオ諸島をスペインから二五〇〇万ペセタ（現在価格で八一〇〇万ドル）で購入しました。じっさい、アメリカ海軍とドイツ海軍はマニラ湾で対峙《たいじ》していました。

渡辺　おっしゃるとおりです。アメリカが当初予定していなかったフィリピンの買収を決断した大きな理由の一つに、このドイツの存在があります。ドイツ艦隊はマニラ湾周辺で遊弋《ゆうよく》を続

西太平洋における日本・米国・ドイツ領（1900年前後）

けました。ですから、アメリカがフィリピンから撤退すれば、ドイツがこの島々を占領すると懸念していました。

これは現代の日本人にはどうしてもわからないことだと思いますが、当時のアメリカは日本を恐れていました。パナマ運河のない時代のアメリカは、太平洋と大西洋の両面から安全保障を脅かされる運命にあったからです。大西洋ではドイツ、太平洋では日本だった。

何度も言いますが、このときのアメリカはまだ新興国であり、海軍力ではイギリスの足元にも及ばず、ドイツや日本とどうにか対抗できる程度でした。陸軍力にいたっては数万の兵力しかなく、数十万から一〇〇万を超えるヨーロッパの大国や日本と戦えるような力はありません。セオドア・ルーズベルト大統領はその事実を冷徹に理解しており、各国のパワーバランスをはかることに腐心していました。日米衝突は必ず起こると想定したうえで、その衝突をいかに遅らせるかに細心の注意を払っていました。したがって、ルーズベルトは白人至上主義者ではあっても、そのリアリズムから日本人に対しては、一目置き、日本への外交も非常に丁寧だった。ルーズベルトはアメリカを日英同盟のサイレントパートナーとして位置づけようとした。桂・タフト協定もその一環です。積年の潜在敵国であった英国とも関係改善をはかっています。私はこうしたルーズベルトが築いた日米関係を「クリスタル細工」と表現しました。しかしこれは少し間違えば簡単に壊れてしまう危うさを孕《はら》んでいました。そうしたなかでフィリピンとい

[redacted]なっていたことは間違いありません。[redacted]約にせざるをえなかったという事情も危うさを表していました。密約と[redacted]ることのない協定です。秘密協定は一般にエグゼクティブ・アグリーメント[redacted]greement）と呼ばれ「大統領府が独自に結んだ約束事」とされている。したが[redacted]権が代われば簡単に破棄される可能性が高いのです。つまり協定の有効期限があいま[redacted]のです。また、秘密であることの代償として、当事者一方が独断的に協定を破棄しても対[redacted]策がありません。そもそも憲法に違反する脱法的な協定である、と批判されたら反駁《はんばく》が難しい。第一次世界大戦の最中に結ばれた石井・ランシング協定（一九一七年十一月二日）（米国が日本の満洲における特殊権益を認めた）は公にはされましたが、実質は議会承認のないエグゼクティブ・アグリーメントでしたからすぐにそんな協定はなかったかのような態度をアメリカはとっています。朝鮮とフィリピンのバーターというきわめて外交上重要なアメリカとの約束事を、密約にせざるをえなかったことにも、日本の悲劇は宿っていたのです。

そして日本のもう一つの懸念はアメリカにおける「サンフランシスコ学童隔離事件」に代表される排日運動です。サンフランシスコで日本人学童が白人の学校から完全に締め出された事件です。

日米離間に油を注ぐドイツ

宮崎　これに喜んだのがドイツです。渡辺さんのご著書によると、サンフランシスコ学童隔離事件が日米間の大きな問題となり、東京でもアメリカ批判が繰り返されていることを、ドイツの外交官が嬉々《きき》として本国に報告しています。

渡辺　「サンフランシスコの事件は突然稲妻が走ったかのように米日間の溝を広げてくれた。日本人移民問題で両国間のギャップは今後ますます広がると思われる。この状況がわがドイツにとっていかに有利であるかについては言を俟《ま》たない。日本の軍事力はイギリスのパワーを補完している（the Japanese sword for Britain's interest）。米日の離反は、わが国とアメリカの
係を良好なものにするであろう」（一九〇六年十月三十一日付、フリードリッヒ・フォン・エ
ト（在東京ドイツ大使館書記官）よりドイツ帝国首相ベルンハルト・フォン・ビューロー
イツから駐ワシントン大使に対しては、
ば確実に米英の関係にもネガティブなインパクトを与える。ただし、わ
に悟られることなきよう細心の注意を払われたい」（一九〇六年十二

月十二日付、ハインリッヒ・フォン・チルシュキー外務大臣より駐ワシントン大使ヘルマン・スペック・フォン・シュテルンブルク宛訓令）

ドイツからすれば日米の離間は明らかに国益となる。ドイツ外交にとって第一の仮想敵国はイギリスです。なぜなら、イギリスの外交政策は、常にヨーロッパ大陸でもっとも強い国、あるいは強くなりそうな国を叩くことにあるからです。イギリスは無敵艦隊のスペインを弱体化させ、ナポレオンが台頭するとフランスを叩き、ロシアが強大化し西に関心を示すとそれを抑ええ込むことにより大英帝国を築き上げてきました。そして今やヨーロッパで急速に工業化を果たしたドイツが「ヨーロッパの最強国」の座に躍り出たわけです。

ドイツにとってヨーロッパではイギリス、そして太平洋の向こうで台頭するアメリカとどう付き合うのか、というのが当面の外交課題でした。したがって、イギリスとアメリカが手を結ぶことはドイツにとって最悪のシナリオです。そうしたなか、サンフランシスコやカリフォルニアでの日本人排斥運動は、まず日米の不和を生み、その結果英米の関係も悪くなる、そのようにドイツは考えたのです。

もともとドイツは、キリスト教の異教徒である「黄禍《こうか》」を外交に利用する伝統がありました。それは対ロシア外交でも利用されていた。「黄禍」を煽《あお》ることにより、ロシアの関心を西ではなく極東に向けることができるからです。日清戦争後の日本への三国干渉はその成功例の最たるものです。そしてアメリカで「黄禍」を煽れば、ドイツが進出する大西洋が手薄になります。かくして、ドイツは「黄禍」を利用することにより、ロシアとアメリカを牽制したのです。ドイツは日本人への人種差別を煽っていた。歓迎していたし煽ってもいたのです。

宮崎　ドイツというのは昔も今も信用できないですよ。ドイツ文学者の西尾幹二《にしおかんじ》さんも川口《かわぐち》マーン恵美《えみ》さんのドイツ論も、じつに辛口でしょ。

日米が親密だった最後のとき

渡辺　そうしたなかにあって、一九〇七年十月に、アメリカが太平洋に大艦隊（偉大なる白い艦隊）を派遣することを聞いたドイツ皇帝ウィルヘルム二世は大層喜びました。これにより米日関係がさらに悪化し、イギリスに悪影響を与えることができると期待したからです。このとき、ベルリンの政治家や外交関係者は必ず米日は戦うことになると信じ、そう主張していました。

しかし、結論から言えば、ドイツの期待どおりにはならず、日米の関係を逆に友好的なものに進化させました。その成果が高平《たかひら》・ルート協定（一九〇八年十一月三十日）です。これにより、日本とアメリカは太平洋地域においてはそれぞれの覇権を分かち合い、共同でリーダーシップをとっていくという協定を結んだのです。

この協定は桂・タフト協定とは違い秘密協定ではありません。この協定はルーズベルトの腹心だった次期大統領タフトへ向けてのいわば「置き土産」と言っていいものです。太平洋を完全に「アメリカの湖」にするまでは、優位である日本とは絶対にことを構えてはいけない、というルーズベルトの強い意志を示したのがこの協定だったのです。

宮崎　そのターニング・ポイントがパナマ運河の完成（一九一四年）です。アメリカ海軍将官会議（the General Board of Navy）が有名な対日戦争計画であるオレンジ計画策定に向けての研究を開始したのは一九〇六年でした。日本との戦争は大西洋艦隊を太平洋に展開させるのに要する日数を三カ月と計算しており、あまりにも時間がかかりすぎた。三カ月あれば日本はフィリピンを陥落させ、ハワイも攻略できる。しかも当時の大西洋艦隊は極東に海軍基地を持っていませんでした。したがって、アメリカにとってパナマ運河の完成は悲願でした。しかし、日本にとっては悲劇の始まりだった。

渡辺　ですから、ルーズベルトは、自身の大統領としての最大の功績は「パナマ運河（をアメリカのものにした）である」と断言しています。

親中派のタフトとチャイナハンズ

宮崎　しかし、ルーズベルトが「クリスタル細工」のように構築した日米関係にヒビを入れたのが彼の右腕であり後継者だったタフト大統領というのも皮肉です。というより不思議です。これはなぜなのでしょうか？

渡辺　タフト政権は元奉天《ほうてん》領事であるウィラード・ストレイトの影響を強く受けていたと言われています。タフトはいわゆる「ダラー外交（軍事力ではなく民間資本の活用で外交目的を達成しようとする考え方）」という方針をとり、それを東アジアにも適用します。ルーズベルトとはまったく違うやり方です。彼の唯一の懸案はフィリピンをいかに日本から守り抜くかに絞られた観があります。タフトは徹底的な支那びいきだったストレイトの影響により、支那市場、ことに満洲の市場をアメリカの重要なマーケットとして、あるいは投資先として考えるようになった。

宮崎　つまり、タフトのダラー外交へのシフトにより満洲市場をめぐって日本が目障りになったわけですね。

渡辺　「ジャップは要するにジャップである。他国の犠牲など気にも留めず自国の地位向上だけを考えている国である」と取り付く島の無いような発言もしています。彼の政権にはストレ

殷賑（いんしん）を極めるいまのハルビンの中央通り（撮影宮崎）

イトの他にも支那に愛情を寄せる幹部が採用されています。一方北京の高官や満洲にいた地方官僚もタフトのダラー外交を歓迎しました。彼らはアメリカを利用してロシアと日本のカウンターバランスにしようと考えたのです。

宮崎　ストレイトですが、朝鮮の在漢城公使館の副領事兼個人秘書に任命されたことを機に、ジャーナリストから外交の世界に転身しています。

彼が日本嫌いであることは間違いないのでしょうけど、朝鮮王朝のだらしなさに関してはきちんと見ているのが面白い。

「朝鮮はことあるたびに二枚舌を用い

た。彼らは東アジアで最悪の策士である（They are the cleverest intriguer in the East）。皇帝は一〇年にもわたって他国同士にいがみ合いをさせてきた。ロシアと日本に相互におべっかを使ってきたのである」

「日露の戦いで日本が勝つたびに東京に特使を送りミカドに祝福の言葉を伝え、その一方で上海にいるロシアのエージェントと緊密に連絡を取っていた」

しかし、こうした朝鮮の二枚舌外交が災いして第二次日韓協約で朝鮮王朝の独自外交を禁止し、以後朝鮮に関わる外交は日本外務省が東京で仕切ることが決まりました。

一見冷ややかに見ている一方で、ストレイトはまだ若き青年だったこともあってか、少々青臭いところが見えますね。彼はアメリカ外交官として朝鮮に対して「周旋《しゅうせん》条項」を果たしていないことへの負い目を感じているんですね。アメリカがフィリピンで行った蛮行を聞いたら卒倒するんじゃありませんか。米兵はゲリラ兵を捕らえ無理やりじょうろを使って口から水を注ぎ込み溺死《できし》させたりしています。

渡辺　そうでしょうね。このとき漢城で、ストレイトは立て続けに生涯を変えるような出会いに恵まれています。一つがルーズベルト大統領の愛娘であるアリス。これにより彼のワシントン人脈が一気に広がったのは間違いないでしょう。そしてもう一つが鉄道王ことE・H・ハリマンです。これで、ニューヨーク経済界とのコネクションを作り上げてしまいました。この二人が彼の在任中に漢城に現われ知己となったのは何とも幸運でした。

宮崎　ハリマンは南満洲鉄道の日本との共同経営計画を進めるために、来日し、朝鮮にも来ていたんでしたね。ハリマンは世界一周する交通網を、一つのマネージメントのもとで管理しようという壮大なビジョンを描いていました。まず、ニューヨークからサンクトペテルブルクを結ぶ航路を開設し、それをシベリア鉄道と連結させる。そして南満洲鉄道を利用し、旅順港あるいは朝鮮半島を使って釜山までの鉄道もつなげる。そして彼のパシフィック・メール蒸気船会社との連結で世界を周回する輸送網を完成させる。

漢城にて日本側でハリマンを迎えたのは、目賀田種太郎《めがたたねたろう》です。目賀田は勝海舟《かつかいしゅう》の娘と結婚している有力者で、朝鮮王朝の財政顧問として漢城に赴任していました。結局ハリマンの計画は土壇場で外務大臣小村寿太郎に阻まれます。

伊藤博文暗殺の黒幕はロシアかドイツか?

渡辺　それでハリマンはそうとう怒るのですが、彼は死ぬ間際までその計画をあきらめないんですね。ところで、伊藤博文がハルビンで安重根に暗殺されますが、じつはそれにハリマンが関わっているんです。

宮崎　伊藤博文暗殺は、最近の多くの研究では、ロシアの謀略説が濃厚ですね。

渡辺　いえ、私はロシア説ではなく、推測も混じっていますが黒幕はドイツでないかと思います。

宮崎　あ、ドイツね。張作霖《ちょうさくりん》爆殺は日本軍ではなくロシアの諜報機関だったことは最近、加藤《かとう》康男《やすお》さんらの研究で明らかになりました。張作霖爆殺は関東軍ではなくソ連の謀略だったにもかかわらず、なぜ日本関東軍の謀略だと歴史は片付けてきたのかという疑問に挑んだ福井《ふくい》義高《よしたか》教授の『日本人が知らない最先端の「世界史」2』（祥伝社）によりますと、ながらく河本《こうもと》大佐の仕業とされたし、河本自身が、そう証言してきたという要素があります。ところが、近年の研究で、ソ連の謀略だったことが実証的に暴露され、特にユン・チアンの『マオ（毛沢東）』（講談社）は、ソ連時代の秘密文書を読みこなし、加藤康男氏は英国のアーカイブに通って、秘密書類の束から、確定的な証拠書類を発見し『謎解き「張作霖爆発事件」』（PHP新書）を書かれた。

ソ連の謀略の過程は繰り返しませんが、福井義高氏の次の指摘には思わず膝《ひざ》を打ったのですよ。

「河本大佐がその計画や実行を『吹聴』していた背景には、ソ連の例と似た戦前の日本の状況があった。当時は今日と違い、大陸での謀略活動にプラスの価値が与えられていた。支援を受けながら関東軍の言いなりにならない張作霖を謀殺することは、非難に値するどころか称賛されるべき『快挙』だった」のですね。ところでドイツ関与説とは？

渡辺　少し複雑なので説明します。まずロシアが東清鉄道の売却を検討しているという情報が、クーン&ローブ商会のジェイコブ・シフからハリマンにもたらされます。東清鉄道のグレードアップ（複線化）および維持にはコストがかかりすぎるためで、これはハリマンが予測していたことでした。ハリマンの狙いとしては当初の計画どおり、南満洲鉄道の買収交渉を再開し、東清鉄道との連結運用を実現したい。

そこでシフは親交が深い渋沢栄一《しぶさわえいいち》にコンタクトを取ります。ロシアは東清鉄道を売りたがっている、ついては、われわれグループへの南満洲鉄道売却を日本政府に前向きに検討してもらえないかと。しかし渋沢の回答はネガティブなものでした。シフは高橋是清《たかはしこれきよ》にも打診しましたが本件についてはあきらめるようにとの回答です。

そこでハリマンは一計を案じます。

ロシアは蔵相のウラジーミル・ココツォフまでが売却に乗り気である。したがって、ロシアと日本政府を直接交渉させる。日本政府との交渉はココツォフが当たる。日本のカウンターパートとしてはトップ級の人物を招く。日本側の考え方を変えさせるには渋沢や高橋以上に腕力のある政治家でなければならない――それが伊藤博文です。

宮崎　考えてみれば足軽あがりの伊藤はイギリス渡航以来、ドイツにも憲法の研修に行ったり、じつに外国経験の豊かな政治家でした。

渡辺　交渉の材料は錦州《きんしゅう》—愛琿《あいぐん》ルート新線計画をバーターすることでした。この新線は南満洲鉄道の一六〇キロメートルを並行して走ることになります。鉄道計画を熟知していたハリマンやシフは、鉄道経営のもっとも打撃となるのは、競合会社による平行新線の建設であることを理解していました。この錦州—愛琿ルートの撤回を条件にした南満洲鉄道の買収あるいは経営参加を日本政府に求めようとしたのです。

ストレイトはこの頃は民間人となってハリマンに仕えており、この新計画をまず清朝との間で詰めるよう指示され、実際に交渉に入っていました。その過程でハリマンは病気で亡くなってしまいますが、ロシア政府高官と日本政府のトップ交渉についてはそのまま継続していました。

だから伊藤博文はハルビンに出かけて行ったのです。

もしハリマンの構想がうまくいくと、ハリマングループの統一マネージメントの下で、ロシア中央に東からくるロジスティクスルートができ上がります。それはウラジオでも旅順でもいいのですが、まさに第二次世界大戦のときにウラジオからロシアにアメリカの軍事支援物資が届けられたのと同様の状況になってしまう。そうなるといちばん困るのはロシアとライバル関係にあるドイツです。

宮崎　ドイツが金を出してエージェントを雇ってということですか？　犯人はいまだに謎ですが、プラットフォームに伊藤博文がロシア代表といて、安重根は地下のコンコースから上がってきて、プラットフォームで狙撃《そげき》しています。じつは二回、私はハルビン駅の現場を見に行っております。今は新幹線が開通し新築されたので当時の面影はありません。プラットフォームの後方、駅舎の二階にフランス食堂があって、そこからも何者かが撃っている。解剖の結果、撃たれた弾道が上から下へとなっているものが伊藤博文の致命傷となっていることがわかりました。安重根が撃った弾は伊藤から外れていて、隣の大使に当たっていたのです。ただその状況から考えると、あの場にいられたのはロシアの兵隊以外なかった。だからロシア説というのはずっとあるのです。

渡辺　ただ、なぜその会議がハルビンで開かれたのかという状況を見ると、売却をしたかったのはロシアのほうです。当然、交渉そのものはロシアは潰したくなかったはずです。そうなるとロシアが伊藤博文を指名して呼んだ重大な会議に、殺すロジックが見当たりません。わざわざ皇帝の右腕でもあったココツォフ蔵相まで出しているのです。たとえば、体制内に反対派がいたのかもしれませんが、そうだとしてもそのロジックがわからないんです。

宮崎　つまり、革命派の先駆者がいたわけだ。ロシア革命の（笑）。

渡辺　だいたい伊藤博文を殺してロシアが得をすることはないと思うんです。伊藤博文自身は大の親露家です。そう考えると、反体制派よりも、売却が成功することにより、ロジスティクスルートが完成されて困る勢力――それがドイツではないのか、と。大胆な推理ですが、合理的ではないでしょうか？

宮崎　まぁ、ドイツ系ロシア人とか、バルト三国に行ったら多いですからね。リトアニアなどほとんどドイツ系です。

渡辺　あの辺はドイツがずっと東へ開拓して行ったところですからね。

宮崎　もう一人、重大要素があります。日本国内の政争、伊藤を政敵としていたグループがあります。それにしても韓国の歴史観が完全に狂っているのは、テロリストを英雄にしているのみならず、安重根が最初から最後まで仕組んだということになっている。これもおかしな話で、安重根はあのとき、ウラジオストクに亡命していて、つまりロシアの監視下にあるわけです。伊藤博文の予定もロシアがそれとなく伝えていなければわかるはずがない。それではその軍資金はだれが出したかとか、情報の連絡はだれがしたのか、というところは全然わかっていない。このような精度の高い情報を、安重根一人ではもちろん集められませんから。

渡辺　だから、親露家の伊藤博文をロシアが殺すはずがないと思うのです。

宮崎　そういう意味でいうと、逆に安重根が伊藤博文を殺《あや》める理由は山のようにあります。ま

大連に残るロシア人町（撮影宮崎）

ず、伊藤博文が来て、日本が手をつけた李氏朝鮮の旧体制改革で最大の問題は両班をなくしたこと。その結果、李朝でいちばん威張っていた貴族たち、というより支配階級が一掃された。安重根は両班ですから。したがって、その恨みがものすごくあります。これは余談ですが、安重根は書に優れていた。

渡辺　それで思い出しましたが、世田谷に徳冨蘆花《ろか》恒春園があって、記念館に入っていったら安重根の揮毫《きごう》の書が入口正面に飾ってあった。何で日本でこんな犯罪者のものを飾るのかと思いましたね。

宮崎　日本でも安重根ファンはけっこう多い。まず、看守がそうなんです。

彼がたくさん書いた書を隠していて、それを五〇年か六〇年後に出した。今それをもとにソウルの安重根記念館に遺墨の石碑をたくさん建てています。まるで石碑公園のようになっている。あれ、毛沢東の詩林をまねたのかもしれません。

渡辺　安重根の伊藤博文暗殺ドイツ関与説はこの対談で初めて披露しましたが、南満洲鉄道がハリマンの構想の下で、東清鉄道、シベリア鉄道と一体運用され、かつシベリア鉄道の複線化が実現してしまえば輸送能力が格段に強化されます。ドイツの安全保障にとってこれは大きな脅威ですから。この推理は、少なくとも検討に値する仮説ではないかと勝手に自負しています。

宮崎　そうかもしれませんね。

渡辺　これは後日談ですが、ハリマンと伊藤の死後、アメリカ国務省はきわめて稚拙《ちせつ》な行動をとっています。ハリマンとは対極にあるやり方と言っていい。何の根回しもないまま、清国と列強数カ国による南満洲鉄道の共同管理――中立化案を提案しました（国務省のメディアへの発表は一九一〇年一月六日）。ハリマンのようにロシアの理解を得ることもなく、日本に交換条件を用意することもない、当時の世界常識からも外れた提案でした。

アメリカはイギリスが同調するだろうと甘い期待を持っていましたが、果たせません。イギリスは極東での日本との協力関係は崩さないというのが方針でした。中立化案はむろん、ロシアからも日本からも一蹴《いっしゅう》されてしまいます。タフトの進めたダラー外交の典型的な失敗例です。

理不尽な中立化案は日本とロシアのアメリカへの不快感、そして警戒感を高めただけで終わりました。両国は第二次日露協約（一九一〇年七月四日調印）を結ぶことにより、タフト政権の中立化構想をはっきりと拒絶する。タフトの中立化案にはルーズベルト前大統領も憤っています。タフト外交はルーズベルト政権とは違う青臭い外交です。

人種差別主義者ウィルソン

宮崎　タフト政権のあとのウィルソン大統領は輪をかけて酷かった。彼は理想主義者を装いながら人種差別主義者でした。そして彼の背後には金融資本家たちがいたのではありませんか？　アメリカの中央銀行であるＦＲＢ（連邦準備制度理事会）も彼が大統領のときにできています。

渡辺　日本が危惧《きぐ》する人種問題という観点からもウィルソンの登場は好ましくありませんでした。そもそも民主党は南北戦争で敗れた南部白人が、かつての栄光を取りもどすために結集した政治勢力が中心の政党で、始まりからして「人種差別政党」でした。

ウィルソンは選挙前は黒人にも融和的でしたが、政権をとったとたん、黒人隔離政策に沿った政策を進めました。また、日本人の移民に対しても次のような電報をカリフォルニアの支持者に打っています。

「支那人および日本人苦力《クーリー》の移民問題については、私も彼らは排斥されなければならないという立場に立つ。この問題の本質は、異なる人種が（アメリカ人として）同化できるかどうかにかかっている。白人種（Caucasian race）と同化できない人種がいては同質の国民を創造することはできない」

それからFRBを一般に理解されている意味での中央銀行と定義するには抵抗があります。宮崎さんのおっしゃるとおり、ウィルソンを選挙戦で支えていたのはFRBの創設メンバーです。また、ウィルソンはJ・P・モルガン系企業とも強いコネクションがありました。そして彼のアドバイザーにはJ・P・モルガン・ジュニアをファーストネームの「ジャック」と呼ぶほどの仲であったエドワード・マンデル・ハウスがついています。彼の背後にいた金融資本家たちは、大統領には金融システムには何の理解もない人物がつくことを望んでいました。そのお眼鏡に叶《かな》ったのがウッドロー・ウィルソンでした。

そもそもFRBは「Federal Reserve Board」の略で中央銀行どころか銀行という名称さえ使用していません。委員会のメンバーの選任も、上院の助言と同意によって大統領が任命するという仕組みで、国民のコントロールが利くかのような制度となっており、名称にはFederal（連邦の）を使用し、政府機関であるかのような錯覚を与えていますが、人事の実務的運用は主要な民間金融機関が牛耳っていたのです。わざわざ連邦準備銀行（連銀）を各地に十二も設立したのも、権限が分散しているイメージを醸《かも》し出すためです。

金融資本家たちが、中央銀行を欲しいと思ったのには三つのポイントがあります。

一、銀行のわずかな準備金をすべて一つに集めてプールし、少なくとも一部の銀行が決済資金不足や取り付けを免れるようにするにはどうしたらいいか
二、不可避の損失負担を銀行から納税者に転嫁するにはどうすればよいか
三、どうやって、そのような施策は市民を守るものであるとして議会を納得させるか

そしてFRB創設の結果、準備率は平均で一一・六％に下げられ、一九一七年六月には九・八％まで下がりました。つまり、FRBができてからわずか四年で銀行の貸し出し量が二倍になった。これこそが彼らが企図したことだったのです。そしてこれが第一次世界大戦期にアメリカがヨーロッパのための武器製造工場化するときの原資になった。

それからウィルソンについて一点付け加えておきたいことは、彼のときに、アメリカの建国の父たちが残した国是「ヨーロッパ問題非介入」を破る最初のステップがあったということです。一九一七年にヨーロッパの戦争に参入した日が、アメリカが「世界の警察官」に一歩踏み

出した瞬間だったのです。以後アメリカは世界の戦争に介入することになり、多くの若者が命を失うことになるのです。

なぜフーバーはスチムソンを選んだのか

宮崎　満洲事変発生時のアメリカは、フーバー政権でした。今のアメリカでは反共の闘士として非常に評価が高いでしょう。

渡辺　フーバー大統領の失敗はヘンリー・スチムソンを国務長官に任命したことなんですよ。スチムソンは敬虔《けいけん》な長老派プロテスタントであり、物事を黒か白かで判断する悪癖があった。とにかくベルサイユ体制を少しでも揺るがせるような外交を執る国は許さんと、非常に硬直的な考えの持ち主でした。

ベルサイユ体制というのは、第一次世界大戦勃発《ぼっぱつ》の罪をドイツ一国になすりつけ、とうてい支払うことのできない賠償金を押し付け、ヨーロッパ大陸における領土を容赦なく切り刻んだことを土台にしたものです。非常に不正義な体制で、新しくできた国々の国境線引きもいい加減だった。結果的にヒトラーのナチスドイツを生みました。しかし、スチムソンはベルサイユ体制を堅持すると決めたのです。

宮崎　スチムソンはドグマチックな人。しかし、今日のアメリカでは有力シンクタンクのフーバー研究所があるようにフーバー自身は反共の英雄という扱いをされています。

渡辺　まさにドグマで生きているような人を、なぜかフーバーは国務長官にしてしまった。それが日本の悲劇なんです。日本にとって満洲は極東に勢力を伸ばす共産主義勢力を押しとどめる防波堤であり、死活問題であることを、スチムソンはまったく理解しようとしません。逆にいうと共産主義の脅威に関してはひどく鈍感です。彼のもとには当時の満洲の事情をよく知っていた北京や、東京に駐在するアメリカ外交官からもソ連の東進と謀略工作を懸念する声が、数多く伝えられていたにもかかわらず。

宮崎　ということは逆に、なぜフーバーはスチムソンを指名しなくてはいけなかったのか、という背景を調べる必要がありますね。

渡辺　これがわからないんですよ。なぜ、彼がスチムソンを選んだのか、よくわからないんです。なおかつ、スチムソンが進める非常にドグマ的な、日本の満洲進出をいっさい許さない、ベルサイユ体制を堅持するというスチムソン・ドクトリン（満洲国非承認、対日強硬外交）をなぜフーバーが容認したのか、放っておいたのか、がわからないんです。

一つの理由としてやはり彼のアジア理解、日本に対しての理解が浅かったという要因はあると思います。フーバーは義和団事件のときに天津にいましたが、彼のアジア理解は中国止まりなんです。彼がもし『日本1852』でも読んでいれば、また違った外交ができたのではないかと思いますが。

日本を知らないフーバーと硬直的なスチムソンのタッグは、日本にとって大きな不幸でした。そしてそのスチムソン・ドクトリンが、より強化されたかたちとなって、親中派のフランクリン・デラノ・ルーズベルト（ＦＤＲ）政権に受け継がれてしまうのです。

一九三二年にＦＤＲが大統領に当選すると、翌年の三三年が明けてすぐに、スチムソンはルーズベルトのもとへゆき、スチムソン・ドクトリンの継続を訴えています。ルーズベルトへの母方の祖父からの莫大な遺産は、清国とのアヘン密売貿易から生み出されたものです。そんなルーズベルトが中国を嫌いなはずはありません。スチムソン訪問から八日経った一月十七日にＦＤＲはスチムソン・ドクトリンの継承を発表します。

宮崎　しかし、『裏切られた自由（フーバー回顧録）』には自分が対日外交で間違えたことはいっさい書かれてないですよね。

フーバーが大統領選に勝利していれば日米戦争は起こらなかった

渡辺　ただ大事なのは、フーバーがそしてスチムソンが対日外交を間違えたから日米戦争になったのではないということです。フーバー政権にいた頃のスチムソンの間違いはまだ修正が利く程度のものでした。フーバーはスチムソンの行き過ぎた干渉主義的な外交にはブレーキをかけることも多かった。フーバーは伝統的な非干渉主義の政治家でした。彼の思想の根本は、国際紛争は最後の最後のところは当事国同士で落としどころを見つけるべしという態度です。それで戦いになったら仕方がない。必要とされたときには仲介に入る用意だけはしておく。つまり、フーバーの対日外交は間違っていたとは言え、「非干渉主義の骨」があります。蒋介石《しょうかいせき》に余計な支援もしていません。「非干渉主義」にはリベラル国際派から、独善的な意味合いを持つ「孤立主義」という言い替えがなされていますが、フーバーが一九四〇年の大統領選で勝利でもしていれば日米戦争はけっして起きなかったことは間違いないのです。

ヘンリー・スチムソン国務長官、
陸軍長官（1867−1950年）

フーバーの回顧録である大著『裏切られた自由　上巻：フーバー大統領が語る第二次世界大戦の隠された歴史とその後遺症』（草思社）は今夏ようやく拙訳で日本の読者に届けることができました。下巻は年末になるでしょう。フーバーは、けっして日本びいきの政治家ではありません。その彼がフランクリン・ルーズベルトの対日外交の卑劣さを資料に基づき冷静に描写しています。そこに彼の史観の客観性が担保されていると言えるでしょう。

フーバーは人間を愛した大統領であり、フランクリン・ルーズベルトは自分を愛した大統領だったのです。スチムソンが、ルーズベルト政権に陸軍長官として迎え入れられたのが一九四〇年七月。そこからスチムソンは、フーバー政権ではフーバーの歯止めがかかっていた干渉主義的外交を思う存分に進めるのです。日本を刺激する一方で蔣介石を支援した。

宮崎　渡辺さんが訳されたフーバー回顧録『裏切られた自由』はとてつもない大著ですので、まだ半分しか読んでいませんが、よくぞ訳されました。その御苦労たるや、大変だったでしょう。

すでに昨年（二〇一六年）、この本の原本を読んだ人たちが解題する本まで予告編的に出版されておりますが、渡辺さんは同時に本格解説の『誰が第二次大戦を起こしたのか』（草思社）まで出されて、この懇切丁寧な解題によっても全貌《ぜんぼう》が把握できます。

フランクリン・ルーズベルトとアヘン

渡辺　アヘン貿易といえばイギリスの商社が有名ですが、アメリカの貿易商社もアヘン密売にどっぷり浸かっていました。ＦＤＲの母方の祖父はラッセル商会の幹部だったウォーレン・デラノです。ラッセル商会は一八四〇年代に入ると、アヘン密売で巨額の富を得ています。しかしデラノは自分がアヘンで儲けたことはいっさい喋《しゃべ》っていない。アメリカ外交の表舞台でも、アヘン密売とアメリカ商人の関わりはけっして露出しません。むしろそれを取り締まった善意の警察官としてアメリカの役割が語られるのです。

第一章で紹介した強硬派の外交官のクッシングはアヘン密売で逮捕されたアメリカ商人には領事裁判権を行使しないことを承諾し、マカオでラッセル商会のゲストハウスを利用したペリーはアヘン密売を酷く嫌悪していました。またアメリカのアヘン密売への関与を日記にはいっさい記さなかったハリスは、日本へのアヘン持ち込み禁止を条約に明記しました。

デラノたちアヘン商人は莫大な利益をエール大学をはじめとした高等教育機関や公共政策を扱うシンクタンクに寄付しています。私はそれは贖罪《しょくざい》の行為なのではないかと見ています。日本の富岡製糸場もラッセル商会と関係しています。

おそらくアメリカの指導者たちには「支那にはアヘンの借りがある」という意識があるのではないでしょうか。だから中国に対しては非常に対応が甘い。これは日本にとってはマイナスでしかありませんが、そうした対中宥和派の伝統が脈々と受け継がれてきているのです。

宮崎　なるほど、その背景にある人脈ですね。もっと極端に言えば、キッチンキャビネットでアメリカ外交をみんなリードしていたというような感じなんでしょう。ホワイトハウスのなかは逆にコミュニストがたくさんいた。まったく絶望的です、いいことが何もない。

絶望的なアメリカとの交渉

宮崎　結局当時のホワイトハウスには日本の理解者はいなかったのですか？

渡辺　日本も懸命に努力はしたんですよね。何とかアメリカとうまくやりたいと、いろんな努力はしているのですが、結局スチムソン・ドクトリンに潰される。スチムソンのルーズベルト邸訪問から八日経った一月十七日にFDRは記者会見を開きスチムソン・ドクトリンの継承を発表します。

これに対し、外務省情報部長天羽英二《あもうえいじ》は、アジア・モンロー主義を日本がとることへの欧米の反発に不満を述べますが（天羽声明、一九三四年四月）、FDR政権はそれを一笑に付しました。日本政府は何度も友好関係の樹立を目指すシグナルをアメリカに送っていたのです。

日本の満洲政策が共産主義の防波堤であることや、共産主義は日米共通の脅威であることをアメリカに呼びかけてもFDR政権の反応は鈍かった。その一方で、当時ソビエトは新疆《しんきょう》だとか外モンゴルにも侵入し、支配権を確立しているにもかかわらず、アメリカは何も言わない。ソビエトの東進（新疆、外モンゴルへの侵出）に目をつぶっている蔣介石に対しても何も言わない。ただ日本の満洲政策だけには厳しく言うわけです。

宮城　なにしろあの政権の内部はコミュニストで溢《あふ》れていましたから。

渡辺　アメリカのメディアや国務省極東専門家のなかには日本の満洲政策、北部支那政策について好意的に理解してくれるものもありました。しかしＦＤＲのホワイトハウス中枢は一顧だにしません。その結果、日本が反共のパートナーとしてドイツを選択せざるをえなくなるのです。やがてそれが日独伊三国同盟になるわけで、それまでの日本の対米外交というのは、何とか理解してくださいルーズベルト政権さん、という動きでした。

宮崎　そもそもドイツは反日でした。第一次世界大戦では日本とドイツは敵国で、その結果ドイツは青島を失いましたから。また、日本の松岡洋右《まつおかようすけ》も本当にドイツが大嫌いだった。ところがそのドイツと手を結ばざるをえなくなった、悲劇の外務大臣です。松岡洋右あたりまでは小さい頃に維新とか草莽《そうもう》の志士が暴れ回ったときの雰囲気を嗅《か》いで育っているから政治の激動とか、そういうことをよく知っているんですよね。

渡辺　そうですね。そのあとアメリカ・オレゴン州のポートランドに行って、向こうの大学を卒業してくるわけだから。日本人差別も当然ものすごく受けてきた人間ですよね。

宮崎　松岡洋右は確か山口（現在の山口県光市《ひかり》）の船問屋の倅《せがれ》で、木戸孝允《たかよし》が京都から逃げ出して長州に内ゲバで一年ぐらい戻れなくて、行方不明になっていたことがあったんですが、じつは木戸をこの松岡洋右のお父さんが匿《かくま》っていたんですよ。それを知った山県有朋《やまがたありとも》が「そんなことがあったのか」と言って、松岡を可愛がり始めます。

それから彼の出世が始まるわけです。ですから、そこまでよくわかっていた松岡も、やっぱり時代の流れのなかで十分な能力を発揮できないというか、結局運命に弄《もてあそ》ばれてしまった。

米八五％の世論を動かして日米開戦を回避できなかったのか

渡辺　ただ、あのときのルーズベルト外交に対して何ができたか、フーバーの『裏切られた自由』にも書かれていますが、われわれが知っている以上に、コミュニストの連中が連邦政府の要所要所にまで浸透していたわけです。フーバーは、この点についてきわめて詳細なリストを作っています。ですから、そういう状況のなかで日本が何をやっても、あの当時はダメだったと思います。ただ真珠湾攻撃さえしなければ、まだ何とかなった可能性はあったんですけどね。

宮崎　それは歴史上の「イフ」であって、常識的に考えて真珠湾を叩くのであれば、日本軍はもっと先、せめてカリフォルニアまで行かないとね。軍事戦略として、あれは稚拙ですよ。

渡辺　私はこのことはいろいろな本のなかで相当強く書いてきていますが、もし当時の日本がアメリカとの戦争を回避できるとしたら、アメリカ国内にある八五％の戦争反対の世論を武器にするしかなかった。ロンドンを爆撃されてもアメリカは助けに行っていない、それはなぜかと。アメリカ第一主義委員会がアメリカ全土に支部を作って、ヨーロッパの戦いに参戦してはならないと訴えていた。そうしたアメリカの国内事情を利用して、ルーズベルトももうかなわないというぐらいにまで「非干渉政策」を国民に訴えるべきだった。日本はアメリカと戦いたくない、だから石油だけは売ってくれと主張すべきだった。八五％といったら巷《ちまた》の実感としては国民の全員といっていい数字です。そういう状況があるにもかかわらず、日本はいっさい対米世論工作をしていなかった。

宮崎　そこは今も日本が引きずっている問題で、宣伝が下手ということがありますね。宣伝戦で日本は一方的に負けています。

渡辺　それはまったく理解できないですね。ロンドンが爆撃されてもルーズベルトが動けなかったのはやっぱり世論の力です。

宮崎　あれは世論ですか。

渡辺　世論です。ただ、アメリカのメディアと世論とは別です。メディアだけ読んでいれば当時も反日しかありません。メディアによるアメリカ世論というものと、本当の世論というものを見極めなくてはいけません。

大部分のメディアは戦争をしたくて仕方がないルーズベルト政権の意を汲《く》んでいましたから。それだけ読んでいたらもちろん間違いますが、ロンドンを爆撃されても動かないという事実が厳然としてあるわけでしょう。ということは、シンガポールを、あるいは香港を叩いても、今の世論であればアメリカが来るわけないだろう、という考察がなぜできなかったのでしょうか。

宮崎　もう一つはアメリカ人の国民の心情としては、イギリスにかつて、あれだけ虐められたのだから、爆撃されて「ざまぁ、見ろ」という心情もあったでしょう。

渡辺　そうかもしれません。第一次世界大戦であんなに酷いベルサイユ体制を作ったのは、イギリスとフランスがバカをやったからだという世論はあったと思います。だからヒトラーが出てきたのだと。ベルサイユ条約の不正義はかなりのアメリカ国民も知っていたはずです。ドイツ系移民がたくさんいたわけでしょう、特に中西部は。

宮崎　いちばん多かったんじゃないの。今も一位、アメリカ国民の二割近くはドイツ系です。

渡辺　ですから、そういうことを考えればドイツ系の、あるいはシカゴトリビューンあたりの新聞はルーズベルト政権に批判的でしたから、少なくともそういうところとかとコンタクトして。

ハル・ノートを突き付けられたときにあれを公開して、「支那から撤退せよと書いてあったけれど、これは満洲を含むんですか？　台湾までも含むんですか」という質問を返すくらいの芸当はできたのではと思ってしまいます。

宮崎　ですから、日本の外交や諜報の能力が急速に劣化したということですかね。日露戦争のまえは、情報工作を山のようにやっていたわけじゃないですか。ヨーロッパからサンクトペテルブルクにあって、ロシアの後方を攪乱《かくらん》した。反政府活動家には資金もバラまいています。明《あか》石元《しもと》二郎《じろう》の諜報工作がずいぶんいわれていますが、明石元二郎クラスが世界中に散って、世論工作から、軍資金から、反体制派のテコ入れまでやっているのに、同じことをなぜアメリカでもやらなかったのかと。

渡辺　そうですよね。

宮崎　だから急激な情報戦略の劣化が敗因の大きな要素に挙げられると思います。

押されっぱなしの日本外交

渡辺　ワシントン海軍条約がありますよね。あのときに、山東省利権を日本は返しています。大隈重信の人気がないのは対華二一カ条要求をしたかららしいのですが、ドイツから継承した利権をワシントン海軍条約と並行して行われていた中国との交渉で返したことに、アメリカの国務長官はすごいなと驚いている。要するに軍事的な、物理的な占領も終わっているのを返したところなんてヨーロッパではないですよ。それを日本は外交交渉だけで返した。これを評価しているんですよ。

宮崎　考えられないことをやるんですよ。

渡辺　だから日本の外交というのは、もうその当時から、とにかく押されっ放しなんですよね。義和団事件（一九〇〇年）のあとに清国がアメリカに払った賠償金があります。アメリカはその賠償金を使って北京精華大学を作ったし、病院も作ったし、留学生も呼んだ。要するに一九二〇年というのはちょうどアメリカで教育を受けた支那の留学生たちが帰った頃なんですよね。若いアメリカ帰りの連中が国務省の若手と非常に仲よくなる時期なんですよ。それで国務省の若手と組んで支那大好き人間の外交官を作り上げて、協力して日本に山東省利権を返させている。

その頃から日本というのは、とにかく出しゃばらないという外交に変えているのですが、第一次世界大戦の勝利者になったことで、二一カ条要求だけが、侵略のシンボルとして戦後の教育のなかでクローズアップされてしまった。山東省利権を返したという、当時の外交上ありえないほどの宥和政策をとったことがまったく教えられていないわけなんですよね。

宮崎 だれも知らないんじゃないですか。そういう発想をしないもの。ですから、満洲の建国も結局、シナを裨益《ひえき》させたと、朝鮮併合もそうじゃないですか。日本が朝鮮をこれだけ近代国家にして差し上げたわけじゃない。

渡辺 だから日本は助ければ感謝してもらえると。これは世の中には通じないロジックなんだけれど、助けても裏切られることは、人生にはたくさんあるわけで、結局同じじゃないですか、国家間でも。

宮崎 そうですよ。その謎というか、基本的に日本人のやさしすぎる性格、先に相手を慮《おもんぱか》るという惻隠《そくいん》の情に由来するんですね。

もう一つは、一九一七年ロシア革命以前までの日本の情報戦略のあり方。急速にそれが、何ゆえに劣化していったのかというところがわからない。つまり、国際主義に染まっちゃったのではないか、ということも言えるのではないですか。

内政干渉を極度に嫌うアメリカの生理

渡辺　これもやはり対米外交において揉めていた時代の話ですが、幣原喜重郎《しではらきじゅうろう》がカリフォルニアの日本人排斥運動の対応に苦労している頃、ジェイムス・ブライスという駐米英大使から、次のようなアドバイスを受けていました。とにかくアメリカと揉めることはしないほうがいい、アメリカという国は内政干渉に対してはものすごく反発する、いつになるかわからないけれどアメリカの国内世論が方向転換するのをじっと待つしかない、と。

じっさい、幣原はそういう外交を実践しました。それはイギリスに倣《なら》ったんですよ。イギリスも一九〇〇年前後からアメリカには何も文句を言わないと。

つまり、アメリカに対しては情報戦とかスパイだとか、そういうことをやっても、ほとんど意味がない、何をやってもダメだというムードが外務省のなかにあったのではないのか。そういう気もするんですけれどね。あくまで外交の現場レベルの話ですが。

宮崎　もう一つは、外務省も世代交代が起きていて、相当サラリーマン化したということもあげられるでしょうね。外務省三代なんてよく言われるけれども全然なっていない。だいたい外務省内で結婚しあって、完全に外務省そのものが閥を形成し、自分たちだけの省益の砦《とりで》のなかに入っちゃっている。

渡辺　でも高平小五郎《たかひらこごろう》や石井菊次郎《いしいきくじろう》あたりはかなり頑張ったと思うんですよ。石井菊次郎は日本ではあまり評価されていませんが、やはり高平・ルート協定あるいは石井・ランシング協定に見るようにセオドア・ルーズベルト政権と交渉している頃は外交にもキレがありました。

第一次世界大戦のシベリア出兵にしても、フランスとイギリスのそしてアメリカの要請を日本はいったんは拒否して頑張っていたという時代もあった。結局、最終的には出兵しますが。FDR政権になるまえまではまともな外交をしていたのに、それ以後はあきらめムードが漂っていた。

宮崎　日本のマスコミというのはどういう論調だったんでしょうね。それから外務省は世代交代が進んでいました。金子堅太郎《かねこけんたろう》にしても活躍できたのはポーツマスあたりまででしょう。シベリア出兵のときは榎本武揚《えのもとたけあき》よりははるか後ですよね。小村寿太郎、陸奥宗光、今、外交官で名前が挙げられるのは、そこらへんで終わり、あとだれがいますか？

なぜ日本人はドイツの悲劇に淡泊なのか

渡辺　その外交官という話で、ちょっと戻りますが、私の問題意識にベルサイユ体制に対して、日本の外交はあまりにもドイツに対する同情心がありません。それはどこの史書を見てもそうです。

第二次世界大戦というのはベルサイユ体制の崩壊現象ですから、イギリスもフランスもまともな人たちはベルサイユ体制のいびつなところを平和的に矯正しようとしたわけです。

ところが日本の歴史書を見ると、ドイツ一国に戦争責任を押し付けたベルサイユ体制の不条理さに対しての同情心がまったくない。ベルサイユ条約に関していえば、例の牧野伸顕《まきののぶあき》の連盟規約に人種平等を謳《うた》ったけれど否決されたという話は書かれても、ケインズが警告した敗戦国ドイツに対するあまりに過酷な賠償金請求のことなど日本の史書にも、政治家の発言にもありません。宮崎さんはこのことについてどう思われますか？

宮崎　しかし、第一次世界大戦で〝漁夫の利〟でもない

ベルサイユ条約におけるドイツの国富の喪失率
（対1914年比）

海外植民地	100%
船舶	80%
鉄鋼生産	48%
石炭生産	16%
ヨーロッパ内領土	13%
人口	12%

んだけれど、裨益したのは日本です。あのとき、捕虜にしたドイツ兵を日本に連れてきて、非常に懇切丁寧に接したのは日本人でした。つまり、少なくとも日本国内ではドイツ人捕虜に同情心はありましたよね。板東収容所（徳島）に入ったドイツ兵らはあまりの厚遇に驚く。日本で最初のベートーベン第九交響曲を演奏したのは板東収容所のドイツ人捕虜でした。

渡辺　そうなんですよね。ところが、ベルサイユ条約に対する不正義には目をつむっている。ドイツの植民地では、民間人の財産までも没収されています。

宮崎　それは敗戦国だから仕方がないと思ったんじゃないですか。

渡辺　そうですかね。

宮崎　日本はそういうところ、あきらめがいいから（笑）。

渡辺　領土にしても、東プロシアは今まで存在しなかった国ポーランドができて本土と分断されました。ドイツ国民が昔のパキスタンみたいに右と左にわかれるようなもので、東プロシアというのはヒンデンブルク大統領の出身地です、そういう領土がドイツ本土から切り離されるわけですよ。

宮崎　第二次大戦後もそれが繰り返されたことになる。いちばん大事なポツダムは旧東ドイツですから。そこにある、サンスーシ宮殿、皇帝のいちばん大事な宮殿をとられた。

渡辺　第一次世界大戦にしても、第二次世界大戦のあとにしてもドイツの悲劇を、なぜ、世界大戦は起こったのかという原因からも含めて、日本人は見直す必要があると思います。ベルサイユ体制の不正義についてもです。

宮崎　日本の場合の論争は、むしろベルサイユ体制というよりもワイマール共和国という、理想の民主国家がなにゆえに全体主義に変わりヒトラーが生まれたのかという点にあります。林《はやし》健太郎《けんたろう》先生までの、あれだけのコミュニズムと無縁の人たちの分析もそうです。

もう一つ、戦後ほどドイツ留学は今、下火だけれど、一時はドイツブームだったことはあるわけですよね。森鷗外《もりおうがい》に始まって、軍人の留学はすごく多いし、ドイツ流の参謀本部の学び方とか、一時、ドイツブームがあったんですが、第一次世界大戦でドイツが敗れてからシュンと「ドイツ、はい、さよなら」というふうになったんじゃないかな。

ニューディール政策の失敗をごまかすために戦争を仕掛けた

渡辺　私は『戦争を始めるのは誰か』（文春新書）ではドイツへのそうした問題意識で書きました。なるべくナチスやヒトラーにこびりついたイメージにとらわれないように、ニュートラルな記述を心がけたつもりです。

宮崎　渡辺さんがいちばん言いたかったことは次の文言ではないかと思います。

フランクリン・ルーズベルト（ＦＤＲ）がソビエトを承認した一九三三年一一月一六日が、日本のその後の運命を決定づけた日に思える。極東、とりわけ中国への赤化工作への危機感を持ち、ソビエトの工作を資本主義体制への挑戦とみなし、強い危機感を持った日本は、繰り返しその体制を同じくする、そして同じように共産主義を警戒するはずのアメリカに、日本の立場の理解を求めた。防共のパートナーとなるよう訴えた。それが見事なほどに拒否されたのが一九三三年一一月一六日だった。この日こそが、戦後の東西冷戦の第一歩でもあった。

アメリカの無理解に対して日本はその後も懸命の努力を続けた。しかし同時にソビエトの西漸の防波堤の役割を果たそうとしているドイツへの期待を高めざるを得なくなるのである。アメリカのソビエト承認が生んだ外交ドミノだった。日本は一九三四年夏、ドイツに帝国海軍艦隊を親善訪問させ、陸海軍高官をドイツに派遣した。

渡辺　ソビエトを国家承認しないことが歴代共和党政権の方針でした。ウィルソン以降のハーディング、クーリッジ、フーバーの共和党政権がそうです。一方、ソビエトからすれば、何としてでも米国との関係を構築するのが外交方針です。対アメリカの関係強化という文脈でも日ソはライバル関係にあった。ですからアメリカのソビエト承認は日本外交の敗北を意味していたのです。

宮崎　勝利の女神は悪魔の側にほほえんでしまいました。「現代では多くの人々の心に、この時期にはまだ顕在化していないホロコーストのイメージが染みついている。曇った心のプリズムを通して、ヒトラーやナチスドイツを見てしまう。それがヒトラードイツをアプリオリに悪の国だとする解釈の原因である」（同前）と。

しかしヒトラーは、ホロコースト以前、ドイツ国内ではドイツ経済を再建した英雄と見なされていました。オーストリア国民はドイツ帝国への併合を熱烈に歓迎した。またドイツの再建は、台頭するソ連への防波堤として英国の利益でもあったことは事実でしょ。

渡辺　釈明史観主義の歴史家がもっとも嫌う事実の一つがヒトラー政権時代の経済運営の成功です。ナチスのユダヤ人迫害が目立ち始めるのは一九三八年十一月以降のことですが、その事実は当時ほとんど知られていませんでした。ヒトラーが一九三三年初頭に政権を奪取してから三八年までの時代は、彼の反ユダヤ人の訴えは世論を意識したもので、主張と行動は別であると見る識者が多かったのです。フーバーはヒトラーは民主主義の政体を嫌っていたが、共産主義の政体も嫌っていたと書いています。本書ではそこまで言及できませんでしたが、ヒトラーは反ユダヤ人というよりも反共産主義ではないのかというのが私の理解です。ユダヤ人に共産主義者があまりにも多い。だから共産主義者とユダヤ人を同義的に見ていた節がある。人種的にユダヤ人を差別しましたが、むしろ共産主義者への嫌悪感のほうが強い。

宮崎　歴史と真摯《しんし》に向かい合えば、第二次世界大戦は、ベルサイユ体制の不条理により、英国の愚策とポーランドの拙劣な外交が火に油を注ぎ、起こったことがわかります。ところがそれを隠蔽《いんぺい》しFDRとチャーチルの外交を正当化するために、ドイツと日本を「最悪国」に仕立てあげた。戦前のドイツと日本を、自由を抑圧し世界覇権を求める全体主義の国、つまり「民主主義の敵」として描いたわけです。

そして、真因であるはずのベルサイユ条約体制の不条理は軽視され、チェンバレンの愚策もポーランドの稚拙な外交も、無視されるか、スルーされています。

「FDRが、フーバー大統領の恐る恐る始めたケインズ的経済運営をこれほどまでに詰《なじ》っていたことは『正史』に書かれていない。当選後には、選挙公約を見事なまでに裏切って、国家財政を火の車とし、ケインズ的経済運営手法を積極的に導入したのが借金王と呼ばれることになるFDRだった」との指摘があるように、FDRは借金をごまかすためにも戦争を始める必要があった。ところが「フーバーを無能な大統領と貶《おとし》め、FDRを賛美する歴史家はこの事実を書こうとしない」と指摘されています。

「本当のことを書いてしまうと、連合国が作り上げた戦後体制の正統性が崩れる。敗戦国を一方的に断罪した二つの戦争法廷の根拠も失われる。だからこそ歴史修正主義に立つ歴史家は徹底的に嫌われてきた」わけです。

これが今も米国の歴史学界とジャーナリズムに蔓延《はびこ》る左翼史観であり、正しい歴史を言う本物の知識人に「歴史修正主義者」のレッテルを貼って貶める。この知的荒廃ぶりは日本の状況に酷似しています。

ところで、「帰ってきたヒトラー」という映画はご覧になりましたか？　あれはじつに傑作ですよ。突然、ヒトラーが現代ドイツに甦《よみがえ》って、みんなから道化だと思われる。ところが、演説をさせたらすべて正論。そのうちテレビ番組の主役をとっちゃって、あれよ、あれよとい う間に……つまり、現代ドイツに対する最大の皮肉なんですが、しかしそれをドイツ人が作っている。いってみればドイツ人がヒトラーの再評価を始めている。

これまで禁書だった『我が闘争』はいよいよドイツでも読めるようになったわけです。

渡辺　生存権（急増する人口を抱えたドイツが、資源確保のためにロシア〔ソ連〕あるいはバルカン半島に領土を拡張することは民族の生存のための権利だと主張した）の獲得ということについても、今のドイツ人は知らないんですかね？

宮崎　すべてヒトラー＝悪になっていて、われわれはナチスではないと、われわれは善きドイツ人だと、あの悪とは無縁であるというのが、そういう立場が今のドイツなのじゃないですか。

歴史と向き合うということ

宮崎　今の保守の論壇のなかでの主流になりつつある歴史観は大東亜戦争はアジア植民地解放のための聖戦であって、その目的はベトナム戦争でアメリカが負けたときに達したというものです。ベトナムがアメリカに勝ったことによって、本当の意味で大東亜戦争が終わったという史観です。だから出てくるのはみんな、たとえば岩畔《いわくろ》機関、F機関、藤原機関、南機関、こういう人たちが東アジアで大活躍して、独立戦争の下地を整えていくと。インドネシアでもスハルトが日本に来たとき今村《いまむら》（均《ひとし》）閣下に感謝を述べた。インドではチャンドラ・ボースが、というようなことで、これが是とされています。まったく否定はしないけれども、こういう史観でことに当たっているとアメリカの考えとは永遠にぶつかります。「マニフェストディスティニー」と「アジア解放」という戦争の途中からつけた戦争目的とは、まったく質が違うわけですよね。

あの戦争は日本は受け身として、やむにやまれず戦わざるをえなかった自衛の戦いです。だれも戦争が始まるまえから勝つとは思っていなかった。それにもかかわらず戦わねばならなかった。アジアの解放というのは、これは副次的に言い出したことで。最初から言っているわけじゃない。

渡辺　そうですね。副次的だというのは、従来から私はそう思っていましたので。そういうことにとらわれちゃうと、何でアメリカとの戦争になったのかということがすべて空想論になってしまいますね。しかしそれでは、本当の意味で歴史を学ぶ、将来に活かすために歴史から学ぶということにはならないでしょう。

宮崎　アメリカとの歴史論争をやるのなら、アジアに対しては日本の果たした業績を自慢してもいいと思いますよ。

渡辺　それはいいと思います。結果論としてそうなったのだから。ですから結果論としてそうなったことを自慢してもいいのですが、それを大東亜戦争の原因あるいは目的にする必要はないと私も思います。

宮崎　じっさい、原因ではなかったしね。原因というのは後知恵における解釈です。日本がアジアに進出して行ったのは原料、油を得るために、つまり南進論というのはずっと昭和研究会のはるか以前の、それこそ秀吉の頃からあったわけですから。

最終章　若い人たちに伝えたいこと

弱者はずるい

宮崎　これまで日米が衝突した第二次世界大戦まで歴史についてぞんぶんに論じ合ってきましたが、最後に今の若い人たちに向けての話をしましょう。
　戦後の日米関係は自虐史観が蔓延《まんえん》し、相も変わらずリベラルな言語空間に支配されている。一方で「右傾化」と言われて久しいですが、われわれのナショナリズムはいまだ苦戦の最中にあるわけです。

渡辺　ナショナリズムというよりも、英語で言えばパトリオティズムでしょうね。共産主義は国際主義ですから彼らが愛国心を持たないこと、あるいは持てないことは当然でしょうが、リベラル派の人はどうなんでしょうか。リベラリズムとパトリオティズムの共存はありうると思うのですが、残念ながらそういう人にまだ会ったことがありません。

アメリカもまた、FDRの悪行というか、愚かさをそのまま受け入れてきた時代が戦後ずっと続いています。戦後の東西冷戦体制は防共の役割を果たしていた日本とドイツを叩いたFDRとチャーチルの愚かさから、生まれたものですが、アメリカ国民はその事実を正視する勇気がありません。

宮崎　日本もアメリカも世論はポリティカル・コレクトネス（政治的正しさ）の前にリアリズムが封じ込められている。日本の教育というのは、人間は〝すべていい人〟であり、世界中が平和を望んでいるというありえないことを前提に教えてきた。ですから人間の悪を見つめるような、平和を脅かすような発言をしてはいけない。ポリティカル・コレクトネスに関していえば、ある意味日本のほうが酷いところがありますね。日本はアメリカのようにマスコミ主導じゃなくて、自主規制の国である分だけ。もともとあった日本に自主規制の言論はおそらくアメリカのポリコレ運動よりも早いのではないか。

渡辺　そうですね。黄禍論《こうかろん》に日本がいかに苦しめられてきたか、また国際政治の現場でいかに悪用されてきたか、前に見てきたわけですが、人種差別思想というのは、結局は弱い人間はずるい、弱い国もずるいということを示すものです。これは大事な視点だと思うんです。ポーランドもチェコスロバキアもオランダも、とにかく小国はずるい。ずるくなければ生存できないのです。だからそれを善悪で評価しようとは思いません。

日本人のメンタリティは、リベラリズムが保守のなかにも入っていて、「弱きを助け強きを挫《くじ》く」というような弱者は助けなければならないというような思想がありますね。

宮崎 それは大正リベラリズムのときからそうですよね。日本人はとにかく弱い者いじめが嫌いなのですよ。

渡辺 それはいいのですが、問題なのは「弱い者はずるいんだ」という視点が抜け落ちているところです。

たとえば、イギリスの植民地主義のなかで、確かにインドも中国も虐《しいた》げられてきましたが、もっとも酷かったのは、じつは隣りのアイルランドに対してです。

一八四五年にアイルランドで起こった「ジャガイモ飢饉《ききん》」により一〇〇万人以上のアイルランド人が餓死しました。これは十九世紀最悪の飢饉です。それで、一五〇万人がアメリカに逃げた。つまり当時人口が八〇〇万人だったアイルランドから死者・移住者合わせて二五〇万人が一気にいなくなったわけです。イギリスの農業政策のためにアイルランド人は酷い目に遭わされた。

アメリカに移民したアイルランド人たちは、ある意味で朝鮮半島の人ときわめて性格が似ていた。まったく妥協しない性格で酒飲みで喧嘩《けんか》っ早い。彼らは東海岸で、男は線路工夫、そして女性は家政婦と、いわゆる「底辺の作業」に就いていた。一八六九年に大陸横断鉄道ができ、彼らが新天地を求めてカリフォルニアに来ると、同じような底辺の仕事を日本人と中国人がやっていた。アイルランド人がカリフォルニアにやってこれたのは、中国人線路工夫がいて命がけの作業でダイナマイトをしかけ、ロッキー山脈を越える難しい鉄道敷設工事を完成できたからでした。もちろん少数ですが日本人工夫もいた。するとカリフォルニアにはあとから来たにもかかわらず「おれたちの仕事をとるな」ということで黄色人種を排斥しだした。彼らは選挙権を持つ白人であり、選挙権のない中国人・日本人移民に対しては相対的強者となったのです。

イギリスの植民地支配のなかで、非常に苦しい生活を強いられてきた彼らが、同じように底辺から這《は》いずり上がろうとしていた中国人移民、日本人移民に対して、憐《あわれ》みや同情心を持ったかといったら、けっしてそうじゃないんです。

だから、弱い者はずるいのだ、彼らもいったん強者の側に立てば強者の論理で動くのだということを教えなければならない。弱い者にはやさしくしましょう。しかしずるいから気をつけましょう。そのくらいの教育を日本はしていかないといけないのです。

宮崎　ずるいというのは、今の朝鮮人とまったく同じじゃないですか。それからこういう面もあるかと思います。米国へ移民したアイルランド人たちがアジア人を排斥するのは、そうすることで、自分たちへの攻撃の矛先をかわそうという。叩かれる前に叩く。アメリカで日本人批判をしている韓国人たちが正にそうでしょう。

結局、ポリティカル・コレクトネスは「弱者」を武器にして異論を封殺するから問題です。マイノリティ=弱者で、彼らへの批判は是非を問わずヘイトスピーチとされ、正当な批判すら許されない。したがって、日本でも「弱者」がふんぞり返っている。これが言論を非常にゆがめているのです。

民主主義の恐怖

渡辺　それから今の若い人たちに伝えたいのは、民主主義の恐怖、民主主義が潜在的に抱える弱さです。たとえば今の日本の政策は、「大きな政府」（政府・行政の規模・権限を拡大しようとする政策）ばかりが主張されていますが、これの行き着く先は全体主義なんですね。いわゆる公共投資をバンバンやりなさいと。それは当然に官僚組織の肥大化を生み大きな組織となって全体主義に向かうわけです。
これはFDRが行ったニューディール政策とイコールの関係です。ニューディール政策は失敗だったことは数字が示しています。FDRがその政策を始めた一九三三年から三四年の失業者数は一一〇〇万から一二〇〇万。それからおよそ五年経った一九三八年でも一〇〇〇万を超えていた。まったく改善していません。民間の活力を爆発させるような力は公共投資にはなく、

じつは失敗していたニューディール政策
（フーバー政権時とルーズベルト政権時のGNPと失業率）

	国民総生産（GNP: 億ドル）	失業率（%）	失業者数（1,000人）
フーバー政権			
1929	1,044	3.2	1,550
1930	911	8.7	4,340
1931	763	15.9	8,020
1932	583	23.6	12,060
ルーズベルト政権			
1933	560	24.9	12,830
1934	650	21.7	11,340
1935	725	20.1	10,610
1936	827	16.9	9,030
1937	908	14.3	7,070
1938	**852**	**19.0**	**10,390**
1939	911	17.2	9,480
1940	**1,066**	**14.6**	**8,120**

出典：「金融大恐慌と金融システム」（菊池英博）

結局はお上のお金にすがる産業構造と、権力を謳歌《おうか》する官僚組織を肥大化させるのです。したがって、ロシアや中国などのいわゆる社会主義国とニューディール政策をとったFDRのアメリカは、似た者同士だったのです。つまり、アメリカは純粋な意味で資本主義の国ではなかったわけです。ニューディール政策の多くが憲法違反とされたのは、国家が個人のつまり民間の自由を奪う政策だったからです。そのことにはっきりと気づき、警鐘を鳴らしていたのがハーバート・フーバー元大統領であり、共和党の重鎮ハミルトン・フィッシュでした。

今の日本に一つも「小さな政府を目

指す保守政党」がないのが心配です。保守思想を持つ経済学者でもその多くが本質的には社会主義政策であるケインズ経済学に依った議論を展開しています。

宮崎　ニューディール政策というのは公共投資重視型で、公共投資というのは、いわゆる計画経済ですから、おっしゃるとおり根は同じです。ですからスターリンとルーズベルトは敵同士のはずなのにすごく仲がいい。

渡辺　ルーズベルトはスターリンに憧れていた。できることならスターリンがとったような全体主義的な政治運営をしたかった。けれどもアメリカの場合は議会がうるさい、世論がうるさい、ということでカーテンの裏で、隠れて汚いことをやったわけです。政治家に世間に隠れた動きを取らせるという点も民主主義の欠陥なのです。FDRは御用メディアを使って世論を操作するのが大好きだった。これもいうまでもなく民主主義の欠陥です。

宮崎　スターリンの場合は粛清という手段を使って、政敵はみんな殺した。ルーズベルトにはそれができなかったというだけの違いでしかない。

渡辺　つまり、民主主義はいつでも全体主義、あるいは共産主義に陥る危険があるわけです。

宮崎　だいたい民主主義が最善の政治形態と思っていることが間違いです。そこもぜひ伝えたいですね。「デモクラシーを民主主義と訳したこと自体、誤訳だから。私が理想とする政治はやっぱり賢人政治、アリストクラシーですよ。

渡辺　賛成です（笑）。ただ、賢人政治の最大の欠点は、あくまで相対的でだれが賢人であるか、われわれ人間には見極める力がないということです。

宮崎　もう一つ、世界中を見渡してもソクラテスもアリストテレスもプラトンもいない、明らかな人間の劣化がある。それから、知識が細分化されすぎて専門バカは多くても、全体を見渡せる力量のある人がいなくなった。

渡辺　逆にいうと、一人の人間が全体を見極められるほどの単純な社会構造じゃなくなっている面もありますね。

宮崎　それは大きいですね。

渡辺　民主主義についてはハミルトン・フィッシュがフィッシュ委員会を一九三〇年に作って、アメリカ国内における共産主義者活動、ソビエトのスパイ活動、扇動活動というのを報告しているのですが、共産主義の実態をきちんとアメリカ国民に説明すれば、この思想が入ってくる心配はない、強く取り締まらなくてもいいと非常に楽観的なことを言っています。それがアメリカでもっとも反共的な人の発言だから驚きです。

そこが民主主義の脆弱《ぜいじゃく》さでもある。今、日本共産党が再評価（？）なのか議席を増やしていますが、もし国民が「バカ」になって、日本共産党のような本音では暴力革命を志向する政党を支援する人が半数を超えたらどうするのか。そうなったときに、われわれはどうするのかという議論がない。

ヒトラーが民主主義をバカにして、徹底的に嫌ったのは、彼自身が民主主義の手続きを経て権力を握った経緯があるからです。当時のドイツは国会議事堂の放火事件（一九三三年二月二十七日）の前には共産党が三分の一近い議席を占めた勢力だったわけでしょう。彼は先手を打ったわけですよ。共産党を含む社会主義政党の勢力が民主主義の手続きを経て、ドイツの支配権を握る前につまり羊の仮面を被った暴力革命の前に、「おれがとるんだ」と。共産党が先に権力を握ったら後戻りできない。そう考えたヒトラーは、その権力奪取競争に勝った。「殺《や》られるまえに殺《や》った」だけという解釈もできるのです。

宮崎　それはそういうことですよね。

渡辺　だから、彼は民主主義という制度をものすごく嫌っている。なぜかといえば、民主主義が持つ決定的な欠点、国民が「バカ」になったとき、もっと上品に言えば、後戻りできない間違いをおかしそうになったらどうするのか。民主主義にはそれを防ぐメカニズムがないからです。ヒトラーは共産主義を嫌悪していましたが、民主主義も同様に嫌った。それは民主主義はいつでも共産主義を選びうるからです。民主主義は民主主義を否定する言説までも容認します。その理由は、人間の英知・常識への絶対的信頼であり、正常な考えの人間が共産主義など選ぶはずがないという信念に基づいています。しかし、歴史を見れば人々が「狂った」時代もあった。そのときにどう行動するのか。ここがいちばん難しいですね。

宮崎　民主主義というのは共産主義にも転びやすいですけれど、衆愚政治というか、イデオクラシーにも転落しやすい。最近の日本の選挙結果は、その典型です。まさに「それを防ぐメカニズムがない」のです。

渡辺　ですから、民主主義に代わるベターな政体を創造できないのであれば、少なくともその危険性を日本はきちんと教育していかなくてはならない。教養主義といったらおかしいですが、明治、大正のような水準の高い教育をしないと日本は危ないんじゃないかと心配しています。

宮崎　いつまでも命がいちばん大事だなんて教育をしていると、本当に国民はおかしくなりますよ。今、日本で七〇万人の引きこもりがいるというのも、やっぱり教育の悪弊でしょう。

母親の愛

渡辺　これは誤解を生む物言いかもしれませんが、共産主義あるいはリベラリズムと言ってもいいイデオロギーに毒されている人たちは、母親の愛情を知らない人たちに多い傾向なんじゃないかと、この頃ふと思ったんです。それは西尾幹二さんの『少年記』(『西尾幹二全集15巻』、国書刊行会)を読んだからなんですが。

宮崎　西尾さんの『少年記』は、うちの娘が一カ月かけて読んで、すごく感動したと言っていた。それを西尾さんに話したことがあるんですよね。それで娘の疑問はこうですと、「どうしてこんなに記憶があるんですか？」、すると、「きみ、ぼくはあのとき、日記を書いていたんだよ」と。渡辺さんも感動したんでしょ？

渡辺　感動しましたね。西尾さんが子どもの頃に住んで、生活の場になっていた豊島区の椎名《しいな》町《まち》近くに私も住んでいたことがありました。私が動いていた地面と重なっているので、非常に親近感を持ったのが一つあります。描写されている舞台の街並みがビジュアルで浮かんできました。帝銀事件の現場とかその近くの長崎神社とかを思い出しました。

それからもう一つ気づいたのは、こちらのほうがより重要なのですが、母親に愛されることがいかに大事かということです。これは男も女もそうなんでしょうが、人間が素直に育つには母親の愛情が欠かせないのではないか。言い方はちょっと微妙なんですが、その人間にとって人を見る目、あるいは物事の良し悪しを判断する基準を作ってくれるのは、やはり母親の愛なのではないかと。では母親の愛とは何かと言われるとうまく言葉にするのは難しい、というよりも母親の愛としか言いようがないのですが、母親の愛は必要十分ではないけれど、人間形成のなかで、ものすごく重要なのだと感じました。ですから『少年記』を読んでいると、五年前に亡くなった自分の母親が思い出されるんですね。母親がどうやって自分に接してくれたかということを常に意識しながらあの本を読み進めました。私は分厚い本だから時間がかかると思っていたんですが、三日ぐらいで読み終わりましたよ。もちろん、記憶力もそうなんですが、当時のことを全部日記に書いていたとしても、戦争をまたいでいながらよく残っていたなと思います。きっとご両親が西尾さんの書いたものを大切に守ったのでしょうね。

自分の少年時代に書いたものなど人様に見せられるような代物ではないから、その文章力にも感服しました。

宮崎　文才は、もちろんあったのでしょうね。『アンネの日記』より面白い（笑）。早熟だったことは間違いないですね。

渡辺　読んでいると西尾さんは同時代の共産主義を信奉している多くの人間たちに、いっさい共感していないんですね。どこにも迷いがない。今の言葉でいえばリベラルな人たちの欺瞞《ぎまん》性をたちまち見抜いている。戦後教育のなかでリベラルに変わっていった教師たちに違和感を持つ話が出てきますが、西尾少年の態度はすごく自身の感性に素直なんですね。西尾さんの場合は日教組教育が始まりかけていた頃で、私のときは日教組教育が真っ盛りだったから、わかるというのではないですが、西尾少年の感性が自分の少年時代の感覚に合わさったような気がしました。

宮崎　結局、左に突っ走って暴走して、火炎びんも投げていたような人たちのなかでも、転向している人たちの多くが正気にもどったのは、やはり母親の存在なんですね。林房雄は「新人会」（戦前に存在した東京帝国大学を中心とする学生運動団体）に所属していた本当の極左で、日本に革命を起こさなくてはどうしようもないと言っていた。その新人会でみんな合宿しているところに大分県から母親が出てきて、給食を作る、その姿を見て林房雄は目覚めるわけですよ。「あぁ、左は間違っているんだ」と。

田中清玄《たなかせいげん》もそうですよね。右翼になり切ったわけではありませんが、「あんたがこんなバカなことをやっているのなら、私は自決する」と言って、お母さんが本当に自殺してしまうんですが、それで田中清玄はハッと目覚めて、「まともな方」に戻る（笑）。そう考えると、たとえばアメリカのリベラル人たちを見ていると、確かに母親の愛情に恵まれてなかったんじゃないかなという感じがしますね。

渡辺　いや、あると思いますね。アメリカの場合はそれだけじゃないのかもしれないけれど。母親が愛情たっぷりにリベラリズムを教えていたとか（笑）。女性については父親の愛情が大事なんでしょうが、残念ながら女性の心理に疎《うと》いので、そこまで言い切る自信がありません。

こういう話は普遍化できないとは思いますが、少なくとも私の育った昭和三十年代、四十年代の日本では、母親の愛はパブリック（公）との関係のなかにありました。今の母親の愛というのはそうではなくて、プライベートな関係のなかの愛でしかないような感じがするんです。そこは少し心配です。

宮崎　非常に自己的でね。

渡辺　そういう感じがしますね。結局人間が人間を判断するというのは、イデオロギーではなく、ケミストリーが大切なんだと思います。そして、それを育ててくれるのは母親の愛なんだと。

宮崎　ひいてはそれが、日本を思う、祖国を思うという気持ちにも通じているのです。

祖国日本の再建を

宮崎　もう一つ最後に若い読者の皆さんに申し上げたいのは、祖国日本の再建です。

トランプに倣って日本の次の目標を「MAKE JAPAN GREAT AGAIN」とすることも可能でしょうが、「偉大な日本の構築」という呼びかけは気概こそ壮大で良いのですが、私はもうすこし柔らかく「REMAKE JAPAN BEAUTIFUL」というのはどうでしょうか。

これですとモラルの復権、道義の復活を前面に立てて、景色、風景の美しさのみならず日本人の心の美しさも包摂できる標語ではないかと自負しています。

ともかく基本は自立自尊であり、日本の伝統と価値の回復におかれるとすれば、「自主憲法、自主防衛、失地回復」という三つの戦略的課題が浮かびます。

私は憲法改正に関しては廃棄論です。占領基本法にすぎない現行憲法は、国際法上も無効であり、単に無効を宣言すれば良いだけのこと、自動的に明治憲法に復元し、これを改正するというのが法理論的に正しいのですが、すでに貴族院、枢密院がないという、法的空白があるため、廃棄後は五箇条の御誓文が残っていることになります。英国のように不文律で社会が成り立つのが日本の特性であり、細々した解釈論や誤解を起こしやすい、いや左翼に曲解、あるいは矮小化《わいしょう》されて利用されやすいのが現行憲法なのですから、新しい自主憲法は対外的に国のあり方を謳《うた》うマニフェスト的な、簡潔で明快な宣言文だけで良いでしょう。現行憲法を改正するというのは、悪に悪を重ねるがごとくに占領基本法を是認するということであり、ましてや第九条だけを改正するなど、歴史の原則を踏み外した愚挙とさえ言えるのではありませんか。

自主防衛というのは、日本が危機に瀕《ひん》して戦争にまきこまれたり、敵の侵略を受けたときは敢然として戦争をできる国家となる必要があります。今のように有事のさいに在日米軍の指図に従うのではなく、自分で戦って、のちに米軍にも援助を求めるというのが主権国家のあり方です。失地回復とは戦争で失った全千島、南樺太、竹島ばかりか旧満洲、台湾、南西諸島を取り返せという意味ではありません。物質的な領土にこだわるのではなく、むしろ私が言いたいのは、日本精神を回復し、伝統的価値観喪失という「失地」を取り戻すという意味です。

このために必要なのは左翼マスコミ、日教組、左翼団体との対決は必定であるし、対策として具体的には道徳教育の回復、歴史教科書の適正化、などが努力目標ですね。

いやはやこう並べてみただけでも目標が多く、遠く、これからも心ある日本人に真の日本再建を呼びかけて行きたいと思います。

渡辺　ただ一点を除いて賛成です（笑）。「REMAKE JAPAN BEAUTIFUL」で先生の真意をわかる西洋人はおそらくいないでしょう。彼らは「Beautiful」に内包させた意味を汲《く》めるほど洗練されてはいません。やはり普通に「Make Japan Great Again」でないと理解できないでしょうね。最後になって初めて大きく意見が割れましたが（笑）、巷《ちまた》に蔓延る釈明史観に距離をおいて、縦横無尽に語り合えた一日でした。ありがとうございました。

あとがき

　この小冊の対談相手は、論壇に彗星《すいせい》のようにデビューし、次々と問題作を発表して日本の知識人を揺らしている渡辺惣樹氏である。

　最初の出会いは十数年前、まだ氏が無名時代に、豊橋の鈴木方人《ほうじん》さんという共通の友人を通して知り合った。初対面から旺盛《おうせい》な知識欲に驚かされ、処女作を拙評したあたりから文通（メール通）が始まり、やがては氏の住まれるカナダのバンクーバーへ伺って雑誌の対談もこなした。

　また私が企画した「下関条約一二〇周年　日清戦争を考える国民集会」ではカナダから駆けつけて記念講演をしてもらったこともある。

　最近でも二〇一七年五月十七日に東京のホテルで開催された「鹿島平和研究所設立五〇周年記念」で鮮烈な講演をされた。氏から誘われて聴きに行ったのだが、じつに意義深い内容でメモ用紙が足りなくなったほどだった。

　鹿島平和研究所は鹿島守之助《かじまもりのすけ》氏が創設され国際情勢の啓蒙《けいもう》ならびに出版活動も盛んにおこなうシンクタンクの草分けで中曽根《なかそね》元首相や加瀬俊一《かせしゅんいち》初代国連大使（故人）、小和田恆《おわだひさし》元外務次官ら日本の錚々《そうそう》たるメンバーが過去に講演している。岡崎久彦《おかざきひさひこ》大使（故人）や、伊藤憲一《いとうけんいち》氏らも有力メンバーだった。

当日集まった顔ぶれを見ると外交官OB、大使歴任者や大学教授が目立ち、いわば日本の外交、安全保障の論壇を主導する「外交エスタブリシュメント」の集《つど》いという趣きがあった。

その席で渡辺氏は従来の史観を覆すように豊富なデータをもとに説得力を伴った講演を展開されたのだ。換言すれば日本外交エスタブリシュメントに対する知的挑戦ともなった、一つの事件である。

講演後の宴席で参加者の会話を聞いていると、やはり意外感に包まれた顔つきの人が多く、特に「米国の南北戦争は奴隷解放の戦いではなかった。英国の推進した『自由貿易帝国主義』と『産業成熟』を目指した『保護貿易主義』との戦いであり、リンカーンが突然、戦争目的を『奴隷解放』において宣伝したため欧州のインテリは対米戦意を萎縮《いしゅく》させ、北軍の勝利となった」という分析は迫力があった。

幕末維新の日本が直面した列強の圧力と英米露仏の角逐《かくちく》ゲームに、そのパターンの原型があるという近代史のとらえ方は、国連中心、平和主義の日本の外交エスタブリシュメントにとってにわかに受け入れがたいものだったのではないか。

さらに「米国のリベラルなメディアの分析にしたがって予測をしている人は、(トランプ当選を予測できなかったように)将来また恥を掻《か》くことになる」とされると場内はシーンとなった。

このような論壇の変化の予兆を正確にとらえ、大胆に渡辺氏を五〇周年の記念講演に招くという英断を鹿島平和研究所がされたことは特筆しておくべきだろう。

さてこの小冊の対談では日本の幕末維新から日清・日露戦争、そして大東亜戦争へといたる近代史を、従来の国内的視野からの分析を飛び越えて海外の動きとの絡みのなかで複座的にとらえ直す試みを二人で展開した。

戊辰《ぼしん》戦争から明治維新へいたる過程を国内の視野だけで裁断すると英露米仏独といった列強の介入という重大な要素を見失いがちになる。

この小冊でも征韓論に言及しているが、西郷の唱えたとされるいわゆる「征韓論」を岩倉、大久保や木戸が受け入れなかった背景にはもっと深刻な事情があった。そもそも西郷は死地に赴こうというのであり、同時に彼が行けば殺されることは間違いがない。清国からの密入国者さえ大院君《たいいんくん》は処刑を命じていた。となれば日本は朝鮮との戦争に踏み切らざるをえないが、明治五年から六年にかけての国内事情といえば徴兵令は出されていたが、応募兵はほとんどない。それればかりか凶作と増税とで農民の不満が昂《こう》じており、一万人以上が参加する農民暴動、一揆《いっき》が無数に起きて治安は擾乱《じょうらん》状態にあった。

西郷は征韓論を無造作に打ち上げたわけではなく、密偵を一年前に現地に派遣し、朝鮮の動向を収集し、ちゃんと情報を分析していた。戦争は事前のインテリジェンスが大切であることは孫子《そんし》以来の鉄則であり、情勢分析の結果、朝鮮の推定兵力は三万、攻めるには四個師団以上と計算されていた。当時、日本の軍事力はそんなにない。近衛兵は薩摩からきた侍であり、当時はほとんどが鹿児島に帰国していた。新たに羅卒《らそつ》（警察）を募集していたほどだ。

この対談ではそうした近代史の視野狭窄《きょうさく》を是正し、もっと列強の動きに対応した日本の外交、国防、文明という観点に重点を移行して論じあった。

渡辺惣樹氏は『日米衝突の根源：1858―1908』（草思社）でも、従来の近代史を別の視点に置き換えた。

つまり米国の政策担当者と、その周辺にいた有象無象、国務長官やら海軍省、そのロビイ、企業家、山師、荒くれ男らが繰り広げたドラマはおりからのゴールドラッシュに酔ってカリフォルニア開発、鉄道利権の争奪戦という躍動的時代である。この過程から対日政策がおぼろげに浮かんできた時代があった。幕末に日本にやってきてつぶさに日本を観察し、旅行記を書いた男（ベイヤード・テイラー）は、米国で売れっ子の講師となって全米を駆けめぐる。日本は想像の世界ですでにアメリカ人の思考回路のなかにしっかりと組み込まれていた。

ゴールドに沸き立つカリフォルニアにたちまちにして一攫千金《いっかくせんきん》を夢見る荒くれ山賊、山師的たぐいが蝟集《いしゅう》するが、金鉱探査よりも、その労働者へモノを売ることで商売を倍加した、目端のきく商人等もいた。支那とのアヘン密売でしこたま財をなして政治家になったのがフランクリン・ルーズベルト一族だったのだ。

その阿漕《あこぎ》なやりかたを「フロンティア物語」に仕立てあげて、勝手に美化してきたのが米国だが、これぞまさしくアメリカ版『水滸伝《すいこでん》』である。フロンティアが消えてしまった米国にとってパナマ運河の開鑿、ハワイ王室をだました、まるで詐欺師のごときアメリカ外交はハワイを併合した。パナマにしても独立運動なるものをでっち上げて、コロンビアからパナマ地域をだまし取った米国、その凄《すさ》まじい外交裏面史を、戦後の日本のアメリカ研究者は閑却した。

その先はスペインを騙《だま》して戦争を仕掛け、フィリピン領有、そして支那との交易の利権を得るために日本との戦争は避けられないという情勢になっていくのである。

やがて西へ西へのアメリカはサンフランシスコを拠点に無法者が集結し、インディアンを虐殺し、メキシコから広大な領土を巻き上げた。これを「西部開拓」という。

やがて一九〇二年の「日英同盟」への反発とロシアとの急接近などは、自由貿易vs.保護主義の枠組みをこえて、マニフェストディスティニィーを提唱したアメリカ人の心意気、その侵略主義、その前衛意識が納得できるうえ、さらにアングロ・サクソンにとって民族優位性という潜在する差別が、どのように生成し、アメリカ的プリズムのなかで、拡大し歪曲《わいきょく》したか。

米国民の主流アングロ・サクソンの、その主流であるドイツ系移民らは、まずケルト系（アイルランドのカソリック）を露骨に差別し、インディアン原住民をバッファローもろともに絶滅させ、アフリカから黒人を奴隷として輸入し、ロシア革命前夜のポグロム（ロシアにおけるユダヤ人虐殺）から逃げてきたユダヤ人たちを徹底して侮辱し、そして支那人を「不衛生、不潔」として徹底的に嫌った。

アイルランド系は差別されて重労働の現場に投入されたが、その低賃金よりも安い賃料と長時間労働をいとわずに、黒人にかわって苦力《クーリー》として輸入された奴隷並みが、支那人だった。

アイルランド系労働者らが、新たにイナゴの大群のごとく上陸してきた支那人労働者を脅威視して、「おれたちの職場が奪われる」と騒ぎだし、支那人を「コメッツ」（別の惑星からきた不思議な人たち）と言っておそれた。地域によっては暴動がおこった。支那人排斥は大きな政治運動となる。この文脈が、のちの日系移民排斥へと短絡してゆくのだ。

すでにペリー以前に冒険家らが日本に来てその独自の文明の崇高さ、清潔さ、美しさ、倫理性の高さと教養、インフラ整備、武士の教養の高さと死をも恐れぬ勇気に、まったく別世界、支那人とこうも日本人は異なるということを知っていた。

アメリカ人における日本への知識は、その情報がかなり正確であったゆえに、高かった。日本人の軍事力向上をひしひしと脅威視してゆくのがハワイを併合するあたりからのアメリカ人政治家、ジャーナリストらの認識となっていた。支那はあくまでもアメリカにとって将来の市場だった。やがて日米友好の外交段階は吹き飛び、日露戦争直後に潜在化していた衝突の火ぶたは切られた。

渡辺氏はセオドア・ルーズベルトが展開した、平和を装いつつ日米和平を表で進め、他方では軍備が整うまで耐えるという米国の対日戦略を「クリスタル細工」にたとえてこう続けている。

「ルーズベルトが築き上げた日本との危うい親睦《しんぼく》は、政治家ルーズベルトがおよそ八年の任期で完成させたガラス細工の傑作でした。（偉大なる白い）艦隊帰還の二週間後、この見事なそして悲しいほどに脆《もろ》い作品は次期大統領」へとバトンタッチされた。

そして三〇年後、日米は本格的戦争に突入した。ＦＤＲこと、フランクリン・ルーズベルトが仕掛けた陰謀が起因となった。

まさに、それはルーズベルト大統領の「自由への裏切り」であったのだ。そして渡辺氏の根気強い訳業によって、ついにフーバー大統領（任期一九二九〜一九三三）回顧録『裏切られた自由』（草思社）の日本語版が刊行された。これこそが戦後歴史学を画期する一大事件だと言える。

この本を渡辺氏自らが詳細に解説した『誰が第二次世界大戦を起こしたのか』と相俟って、戦後の歴史解釈が根底的にひっくりかえる。

ガリレオが、コペルニクスが、あるいはダーウィンがそうであったように、世の中の通説を転覆させ、真実をのべることは勇気を必要とする。アメリカ人が単純に信じ込む「米国＝正義」に対して、そのタブーに正面から挑戦したのが、フーバー大統領の回顧録だからである。

真珠湾攻撃は事前に暗号が解読されていて、むしろ日本をけしかけていたルーズベルト大統領の陰謀だったことは、いまや周知の事実である。しかし、日本の攻撃で一気にアメリカの厭戦ムードは吹き飛んだ。ルーズベルトの狙いは当たった。

アメリカは孤立主義から大きく逸脱し、まずはヨーロッパ戦線に大軍をさしむけ、ナチス・ドイツ、ムッソリーニのイタリアと戦闘。西側を勝利に導いた。いや、勝ったはずだった。

ところが敵であるはずのソ連を支援し、あろうことか、戦後秩序はソ連のスターリンが最大の裨益者となった。死力を尽くしたポーランドが共産化され、チェコ、ハンガリー、ルーマニア、ブルガリアばかりか、バルカン半島に到るまでソ連が手に入れた。極東では南樺太、全千島を手に入れても足りず、アジアは中国共産党の手に落ち、朝鮮半島は南北に分断され、とどのつまりルーズベルトはソ連の領土拡大に協力したことになる。

結果論の皮肉は、近年でもたとえば米軍がイラクに介入した結果、ＩＳというテロリストを生み、イラクはイランの影響下に入り、アフガニスタンはタリバニスタンに変貌しつつあり、朝鮮半島では南が自ら赤化を望み、いそいそと中国圏に戻ろうとしている。

フーバー大統領はルーズベルト大統領に騙されていたのだ。

「何かを仕掛けたな」とは本能的に直感したが、当時、すべての密約は密封され、フーバーにさえ「ハルノート」という最後通牒を日本に突きつけていたことは知らされていなかった。

フーバーは書類、議会議事録、外交文書そのほかを緻密に検証し、二〇年の歳月をかけて本書を書き残していた。

東西冷戦は、ルーズベルトの失策がもたらした。そもそもルーズベルトの失敗は、ソ連を国家承認した（一九三三年十一月）ときから始まった。大統領就任直後である。それが世界に厄災を運び、ルーズベルト政権の周りはソ連のスパイと共産主義者に囲まれて国策を次々とあやまった。

大胆にソ連に挑戦したのは一九八一年のレーガンの登場だった。

スターウォーズ計画、ミサイル防衛網を前面に出して、ソ連との対峙姿勢をしめし、対抗策としてソ連は大軍拡にはしるのだが、経済力がついてこられず、あえなく頓挫。ペレストロイカ、グラスノスチを謳《うた》ったゴルバチョフが登場した。

一九八九年師走、ブッシュ大統領とゴルバチョフはマルタの沖合のヨットで会談し、東西冷戦が終結した。共産主義者は思想的敗北から逃れるために環境保護、人権運動、フェミニズム、少数性差別、反原発に流れ込み、日本でもその亜流がいまもメディアを牛耳っている。

さて、一九三八年三月八日に、フーバーはヒトラーと会見している。

この会見でフーバーは、ヒトラーを狂信者であり、お飾りだけの愚か者だとする欧米の報道が間違っていることを確信した。ヒトラーは自身の言葉で国家社会主義思想に基づく経済再建を語った。情報の豊かさは彼の優れた記憶力を感じさせるものだった。

(『誰が第二次世界大戦を起こしたのか』)。

その前年、一九三七年にルーズベルトはシカゴで演説した。有名な「隔離演説」である。しかも、この演説で、ルーズベルトは「国内の経済問題を話題にしなかった。具体的な名指しは避けたものの、日独伊三国によって世界の平和が乱されている、これを是正するためにはアメリカは積極的に国際政治に関与しなければならないと訴えた」(同前)。

一九三九年三月十五日、ナチスはチェコに侵入した。

少なくとも軍事侵攻ではない。ハーハ(チェコ)大統領との合意によるものだった。さらに、フーバーが考える独ソ戦では、ドイツはソビエト侵攻のハイウエイとなるチェコスロバキアを通らざるを得ないことは自明である。（同前）

次はポーランドだった。ここで英国のチェンバレンはポーランドの独立を保障する宣言を行った。英米は、ドイツはスターリンとの対決に向かうと考えていたから、ポーランド回廊を通過するのは自然であり、このポーランド独立を英国が保障するということは、フーバーからみれば愚かな選択であった。

ヒトラーは独ソ不可侵条約を結び、しかもソ連もポーランド侵攻に踏み切る。

犬猿の仲であった独ソ両国の唯一の共通点。それが第一次大戦期に失った領土回復を希求する強い思いであった。（同前）

舞台裏では何回も複雑に執拗に交渉が続いたが、ポーランドの誤断も手伝って、ついにナチスはポーランドへ侵攻する。「この戦いがなければ日米戦争がおこるはずもなかった」と渡辺氏は力説している。

その後の戦争の展開は周知の事実とはいえ、問題は「カイロ宣言」、「テヘラン会談」から「ヤルタ会談」の密約、そしてポツダムへと米英ソの『密約』が次々と進み、アメリカ国民は何も知らされないままルーズベルトとスターリンの謀議は進展し、途中からチャーチルはのけ者にされ、やがて病魔に冒されたルーズベルトは正常な判断もできなくなった。トルーマンはルーズベルトからほとんど何も聞かされていなかった。原爆を保有したことさえ、トルーマンは知らなかったのだ。

こうしてフーバー回顧録は、アメリカの歴史学界に投げつけられた爆弾である。彼らが『歴史修正主義』とレッテルを貼り付け非難してきたが、どちらが正しいかは明らかであり、ルーズベルトの評価が地獄に堕《お》ちているのだが、これを認めようとしない一群の学者とメディアが、真実を今も覆い隠しているのである。

渡辺さんは、解説書の最後を次のように結んでいる。

中国と韓国は、日本を〝極悪国〟として捉え、歴史認識では日本の主張を一切受け付けず、二十一世紀になっても非難を続けている。歴史の捏造《ねつぞう》が明らかな南京事件についても、いわゆる慰安婦問題についても、アメリカはプロパガンダであることを知っている。それにもかかわらず、アメリカが日本を擁護しようとしないのはなぜなのか。それは、ルーズベルトとチャーチルの戦争指導があまりに愚かであったからであり、その愚かさは日本が

（そしてナチス・ドイツが）問答無用に「悪の国」であったことにしないかぎり隠しようがないからである。

歴史修正主義は、戦後築き上げられた「偉大な政治家神話」に擁護されている二人の政治家（ルーズベルトとチャーチル）の外交に疑いの目を向ける。ナチス・ドイツや戦前の日本が、胸を張れるほど素晴らしい国であったと声高に主張しているのではない。極悪国とされている国を「歪んだプリズム」を通して見ることは止めるべきだと主張しているに過ぎない。

それにもかかわらず、歴史修正主義は枢軸国を擁護する歴史観だとのレッテルが貼られている。それは、ルーズベルトとチャーチルが引き起こした戦後世界の混乱の真因から目を逸らさせたい歴史家や政治家がいるからである。（同前）

かくして一五〇年の歴史を掌握しながら、二人の対談では現代の日本の歴史認識に決定的に欠落しているダークサイドならびに別な歴史の見方を提示することを心がけた。

平成二十九年七月

宮崎　正弘　識

新装版あとがき

毎年八月十五日の終戦記念日には英霊に感謝を捧《ささ》げ、国家安寧《あんねい》を祈るために靖国神社に参拝する国民が夥《おびただ》しい。また時節柄、戦争史の書籍が書店に並ぶ。歴史のなかで、戦争というものを真剣に考えるのは国民の営為としても当然だろう。

本書は私（宮崎）と渡辺氏との対談第一弾（『激動の日本近現代史　1852－1941』、ビジネス社）の新装版である。共著に到った経緯に関しては前掲のとおりである。

さて渡辺惣樹氏は近著の『日米戦争を望んだのは誰か』（ワック）のなかでも触れているが、「米国は戦争をはじめる場合、国内世論をまとめるため、必ずと言っていいほど米軍が先制攻撃を受ける事件がおきる」とされる。

とくに再選を狙うトランプ大統領、選挙前の「オクトーバー・サプライズ」があるとすれば南シナ海がきな臭い。

日米開戦に到った真実を七十五年の間、ひたすら隠し続けてきたアメリカ。ばれると何がまずいのか。

日米開戦はアメリカのフランクリン・ルーズベルト（ＦＤＲ）政権がひたすら望み、仕掛けた世紀の陰謀といってよいだろう。アメリカ人の歴史学者と話をすると、机を叩いて「修正主義野郎」ということになるが、一番触れて欲しくないポイントだからだ。渡辺氏は公然と「わたしは歴史修正主義に立脚する」というスタンスを最初から明らかにしてきた。

日本の真珠湾攻撃を震えながら待ったのはFDRだった。この真実は、近年になって、さすがのアメリカでも語られ始め、出版されるようになったが、いまだに「修正主義」のレッテルを貼られている。

渡辺氏は別の箇所で、従来あまり語られなかった、当時の「アメリカ第一主義委員会」の活動にスポットを当てた。不干渉主義、対独戦争にも参加を拒む世論を背景に、この組織はたいへんな影響力があり、英雄リンドバークは全米と世界を講演して歩き、どこでも熱狂的歓迎を受けた。リンドバーグは日本にもやってきた。

FDRが、この組織を敵視し、活動を露骨に妨害するのである。日米開戦をまえに不介入主義が蔓延することはまずいからだ。だからPR作戦ではリンドバーグがドイツとべったりという印象操作を行った。

「リンドバーグ＝ヒトラー」という諷刺《ふうし》漫画をばらまいた。

このような印象操作のやりかた、いまも有効である。トランプ＝人種差別主義＝ナチ。「チャイナ」と「ナチ」を引っかけた「チャイナチ」は香港の若者たちがポスターにした。

日米戦争は主にFDRが設計図を描いた。

その周りを囲んだハルとスチムソンに渡辺氏の新作は的を絞り込んでいる。密約もハルノートも、はては原爆を開発したことも知らされずに政権を引き継ぎ、原爆投下を決断したハリー・トルーマンは道化師であり、リンドバーグは悲劇の英雄として扱われた。

原爆投下の後押しをしたのはチャーチルだった。これも渡辺氏の新しい視点であり、ポツダム会談で、新型爆弾の開発を知らされてもスターリンは「あ、そう」と軽く受け流すポーズを示した。本当はホワイトハウスに張り巡らした共産主義者のスパイ網を通じて、すべてを知っていたのだ。

スチムソンは狂信的な日本嫌いだった。この国務長官から陸軍長官へ二代の政権に使えたスチムソンは長老会に属する熱烈なプロテスタントで、勧善懲悪の二元論という視野狭窄の思考から導かれた。しかし土壇場で原爆投下の第一候補地だった京都を外した。スチムソンこそは「非情なる軍国主義者」だった。

つまり「正統派と呼ばれている歴史書の近現代史解釈は歪《ゆが》んでいる」と渡辺氏がいう。

世間にどっさりと溢《あふ》れる「リベラル的倫理観がちりばめられた歴史書」は殆《ほとん》どが眉唾《まゆつば》であり、これらを批判的に読めば「善悪の倫理観からなされる判断がいかに歴史を歪めたか」を了解できるだろう。

戦後の日本人は歴史解釈の罠《わな》に陥没した。しかし真実を知るときがきた。

この対談は、そうした基本的スタンスで行われ、第二弾（『戦後支配の正体　1945-2020』、ビジネス社）もすでに刊行済みである。いずれ私たちは第三弾に挑む予定をしている。

令和二年八月

宮崎　正弘　識

ヤ

ラ

ワ

サ

タ

人名索引

ア

カ

著者略歴

宮崎正弘（みやざき　まさひろ）

評論家。1946年、金沢生まれ、早稲田大学中退。日本学生新聞編集長などを経て『もうひとつの資源戦争』（講談社、1982）で論壇へ。中国ウォッチャーとして多くの著作がある。『中華帝国の野望』『中国の悲劇』『人民元大決壊』など５冊が中国語訳された。著書に『新型肺炎、経済崩壊、軍事クーデターでさよなら習近平』『余命半年の中国・韓国経済』『台湾烈烈　世界一の親日国家がヤバイ』『戦後支配の正体1945-2020』『コロナ大恐慌　中国を世界が排除する』（いずれもビジネス社）。『吉田松陰は甦る』（並木書房）『西郷隆盛』（海竜社）『明智光秀　五百年の孤独』（徳間書店）など歴史物も多い。

渡辺惣樹（わたなべ　そうき）

日本近現代史研究家。北米在住。1954年静岡県下田市出身。77年東京大学経済学部卒業。30年にわたり米国・カナダでビジネスに従事。米英史料を広く渉猟し、日本開国以来の日米関係を新たな視点でとらえた著作が高く評価される。著書に『英国の闇　チャーチル——世界大戦を引き起こした男』（ビジネス社）、『日本開国』『日米衝突の根源1858-1908』『日米衝突の萌芽1898-1918』（第22回山本七平賞奨励賞受賞）『朝鮮開国と日清戦争』『アメリカの対日政策を読み解く』（以上草思社）など。訳書にフーバー『裏切られた自由（上・下）』、マックファーレン『日本1852』、マックウィリアムス『日米開戦の人種的側面 アメリカの反省1944』など。

新装版 激動の日本近現代史1852-1941

2020年10月１日　第１刷発行

著　者　　宮崎正弘　渡辺惣樹
発行者　　唐津 隆
発行所　　株式会社ビジネス社
〒162-0805　東京都新宿区矢来町114番地 神楽坂高橋ビル5階
電話　03(5227)1602　FAX　03(5227)1603
http://www.business-sha.co.jp

印刷・製本　大日本印刷株式会社
〈カバーデザイン〉中村 聡
〈カバー写真〉ゲッティ
〈本文組版〉エムアンドケイ　茂呂田剛
〈編集担当〉佐藤春生
〈営業担当〉山口健志

ISBN978-4-8284-2219-0

ビジネス社好評既刊

戦後支配の正体
1945―2020
戦後史観の闇を歴史修正主義が暴く

宮崎正弘・渡辺惣樹

75年目の真実！
政治・経済・宗教――
誰が世界を操っていたのか
誰がソ連と中国を作ったのか

本体1600円＋税
ISBN978-4-8284-2173-5

英国の闇 チャーチル
世界大戦を引き起こした男

渡辺惣樹

英雄か怪物か
父の政界人脈、ユダヤ人脈と母の「不倫」人脈を駆使し、
戦争を出世の道具にして世界を破滅させたチャーチル。
その怪物を生み出した英国社会の闇を克明に描く

本体3600円＋税
ISBN978-4-8284-2220-6